GO UP
INVESTI SUL FUTURO

Di

Angelini Claudio

Premessa

Consapevolezza del sistema attuale

Studi e Cenni storici

Principi della termodinamica

Elettromagnetismo

Moto perpetuo

Decentralizzazione della moneta

Tecnologia Blockchain

Concetti base sviluppo e applicazioni future

(ICO, TOKEN, SMART CONTRACT)

Startup tecnologiche in italia

Normative

Free Energy

Concetto di energia libera

Leister Hendershots (storia), Perendev (zero point energy), Nikola tesla (brevetti e invenzioni)

Conclusione "La Nuova Banca digitale"

Cowfinding e Mining Farm Ecosostenibile

Gpu utilizzo e profitti

Rapporto Banca Reale e Blockchain

Inizierò con una premessa …

Vi Confesso che In passato e in varie occasioni ,fui testimone di numerosi e accesi dibatitti relativi allo scetticismo collettivo suscitato dal Bitcoin e cio che ne determina.Mi feci coraggio e presi parola per focalizzare l'attenzione sul vero tema finale offerto dalla blockchain. Tentai di condividere l'importanza della Decentralizzazione delle transazioni, ossia la possibilità che l'individuo possa trasferire fondi senza l'ausilio dell'autorizzazione di un istituto o banca ,oltre alla possibilità di traferire valuta in forma anonima e sicura .Fu il silenzio nessuna domanda …nessuna risposta,il mio intervento rimase quasi incompreso.Capi poi che il vero interesse espresso per tutta la durata della riunione di quei broker si fermava sulla possibilità di speculazione a breve termine poiche a parer loro si trattava di una bolla questa tecnologia.Qualcuno affermo "non lo permetteranno mai le banche sono in cima alla catena alimentare".

Successivamente , mi avvicino un uomo di mezza età a me sconosciuto ,si presentò come consulente di investimento ,con tanto di biglietto da visita , mi disse di avermi visto parlare in quella riunione .

Mi disse ,"Caro ragazzo I Cambiamenti cosi radicali non saranno mai accettati e sai perche? Io dissi perche hanno paura ? Lui "si anche … ma sopratutto perché cancellerebbero di colpo tutta la burocrazia delle agenzie e banche dal sistema " io risposi beh pero si potrebbe trovare terreno fertile nei piccoli investitori privati ? E lui "i privati non investono mai rischiando capitale per l'innovazione ,sono speculatori non imprenditori ! fanno quello che la banca gli consiglia di fare!.. per questo dico che sarà difficile per gli investitori capire e accettare un cambiamento del sistema monetario attuale."

Potrei rispondere con una citazione di frank zappa " l 'illusione della liberta continuera finche e vantaggioso continuare l'illusione.. ma nel momento in cui l'illusione diventa troppo dispendiosa da amntenere , toglieranno lo scenario ,tireranno via i tavoli e le sedie e vedrete il muro di mattoni sullo sfondo del teatro.

Se mostrassi agli investitori che il sistema spiegato scientificamente da teorie matematiche che ci insegnano a scuola ancora oggi, risultato di equazioni matematiche basate su leggi date per scontate , non sarebbero cosi certe … ? … ma se fossero invece messe in dubbio da studi, invenzioni , brevetti e testimonianze eccelse, provenienti dal passato?

La risposta si trova nel passato. Quindi proviamo insieme a focalizzare l'attenzione su studi e teoremi principali che formano le fondamenta della fisica odierna,proviamo a capirli e contestualizzarli.

Scopriremo dei lati oscuri ,delle falle contenute proprio in quei concetti fondamentali che strumentalizzano ogni altra visione alternativa a quella fornita dalla dottrina scientifica ufficiale.

La meccanica classica e lo spazio e il tempo assoluti

La fisica classica, cioè la fisica newtoniana, postula l'esistenza dello spazio e del tempo assoluti, che hanno cioè proprietà determinate indipendentemente dal sistema di riferimento utilizzato e in cui la misurazione di lunghezze spaziali e intervalli temporali fornisce gli stessi risultati in qualunque sistema di riferimento. Allo stesso modo, in meccanica classica, due eventi simultanei in un sistema di riferimento (cioè con la stessa coordinata temporale) lo sono in ogni sistema di riferimento inerziale. In particolare, il principio della relatività galileiana presuppone l'esistenza di sistemi di riferimento inerziali rispetto ai quali sono validi i tre principi della dinamica di Newton, legati fra loro attraverso le trasformazioni di Galileo. Un esempio di sistema di riferimento inerziale può essere identificato con quello delle cosiddette "stelle fisse".[1]

La teoria dell'elettromagnetismo e le contraddizioni con la meccanica

La teoria dell'elettromagnetismo, elaborata dalle equazioni di Maxwell, ottenne nel XIX secolo eccellenti e numerose conferme in campo sperimentale, ma si trovò ad affrontare una contraddizione di fondo rispetto alla meccanica newtoniana. Infatti, le equazioni di Maxwell non sono invarianti in forma rispetto al gruppo delle trasformazioni di Galileo: in altre parole, secondo il principio di relatività galileiano, due osservatori inerziali avrebbero dovuto usare equazioni diverse per descrivere gli stessi fenomeni elettromagnetici.

La principale contraddizione tra queste due teorie risiede nella determinazione della velocità della luce. Infatti, la teoria di Maxwell prevede che il campo elettrico e magnetico si propaghino nello spazio vuoto a una velocità finita e costante:

$$c = \frac{1}{\sqrt{\varepsilon_0 \mu_0}}$$

dove C è la velocità della luce, E_0 la costante dielettrica del vuoto e U_0 è la permeabilità magnetica del vuoto. Questo è apertamente in contrasto con la relatività galileiana, nella quale non è possibile che un osservatore fermo rispetto al mezzo nel quale si propaga un'onda elettromagnetica misuri la stessa velocità di propagazione rispetto a un osservatore in moto rispetto al medesimo mezzo: secondo la relatività galileiana infatti la velocità misurata da un osservatore in moto deve rispettare la legge di trasformazione delle velocità di Galileo.

Formulazione e crisi del concetto di etere

Per risolvere questi problemi si postulò che la propagazione del campo elettromagnetico avvenisse in un sistema di riferimento privilegiato e assoluto[2], solidale con quello che venne chiamato etere e che costituiva il mezzo di propagazione delle onde elettromagnetiche[3]. Questo mezzo doveva avere caratteristiche molto particolari, come, per esempio, permeare tutto lo spazio senza offrire nessuna resistenza meccanica al moto dei corpi che si muovevano immersi in esso.

Incominciarono quindi degli esperimenti che tentarono di provare l'esistenza dell'etere, di testarne le proprietà e di misurarne la velocità rispetto alla Terra. Questi esperimenti si rivelarono però in contrasto con le teorie che ammettevano l'esistenza dell'etere.

Un interferometro Michelson ,L'esperimento originale utilizzò più specchi di quelli mostrati, la luce veniva riflessa avanti e indietro diverse volte prima di ricombinarsi.

Dovevano quindi esistere esperimenti di EM (elettromagnetismo) in grado di mostrare lo stato di moto del sistema di riferimento rispetto all'etere, assoluto (infatti le equazioni di Maxwell dovevano valere solo nell'etere). Tuttavia l'esperimento di Michelson-Morley mostrò che, entro il limite dell'errore di misura, la velocità del sistema di riferimento terrestre era nulla rispetto all'etere (infatti i cammini della luce in direzione parallela e perpendicolare alla velocità terrestre risultavano uguali), e ciò era verificato anche ripetendo l'esperimento 6 mesi dopo, con la Terra in moto in direzione opposta rispetto a un sistema solidale col Sole.Il "fallimento" dell'esperimento di Michelson (il cui scopo era effettivamente la ricerca dell'etere e non la dimostrazione della sua non rilevabilità) portava a due ipotesi: la prima prevedeva che l'etere fosse trascinato dalla Terra e che quindi la Terra fosse un sistema di riferimento privilegiato e assoluto, la seconda che l'etere effettivamente non avesse esistenza fisica. La prima ipotesi venne scartata in quanto pensare la Terra come sistema di riferimento assoluto nell'universo era inammissibile dopo secoli di scienza galileiana, che aveva confermato il principio di relatività alla base della descrizione della realtà fisica. Inoltre, anche la prospettiva di modificare le equazioni di Maxwell per renderle invarianti non dava risultati, in quanto Hippolyte Fizeau mostrò che queste fornivano risultati in disaccordo con l'esperimento di trascinamento della luce nell'acqua in movimento: la composizione delle velocità non veniva rispettata dalla luce.

Era allora chiaro che se la teoria dell'EM era corretta, le misure di EM non potevano mostrare alcuna velocità rispetto all'etere. Allora occorreva trovare delle nuove trasformazioni con le quali sostituire quelle di Galileo e di conseguenza modificare tutta la meccanica classica per renderla invariante rispetto a queste nuove trasformazioni. Così Einstein spiegava le sue perplessità:

«Presi in esame l'esperimento di Fizeau, e quindi cercai di affrontare i problemi connessi, nell'ipotesi che le equazioni di Lorentz relative all'elettrone valessero tanto nel caso di un sistema di riferimento definito rispetto ai corpi in moto, quanto nel caso di un riferimento definito nel vuoto. Ad ogni modo, allora ero certo della validità delle equazioni di Maxwell-Lorentz nell'ambito dell'elettrodinamica. Per di più tale esperimento ci chiariva le conseguenze della cosiddetta invarianza della velocità della luce che quelle equazioni dovrebbero implicare anche in riferimenti in moto. Questa invarianza della velocità della luce, tuttavia, era in contrasto con la legge di addizione delle velocità, ben nota in meccanica. Ebbi molta difficoltà a capire quale fosse la natura del contrasto.»

La strada era lunga, ma concettualmente semplice. Per questo motivo Einstein non considerò mai la relatività speciale come un punto d'onore: disse invece che chiunque vi sarebbe prima o poi giunto, solo considerando le evidenze sperimentali.

La soluzione di Einstein

Nel 1905, in un lavoro dal titolo "Sull'elettrodinamica dei corpi in movimento", Einstein espose una teoria, la relatività ristretta, che, anziché prevedere un sistema di riferimento privilegiato, introducendo due postulati richiedeva la revisione dei concetti di spazio e tempo della fisica classica. Il primo postulato stabilisce la covarianza delle leggi dell'elettromagnetismo e della meccanica in tutti i sistemi di riferimento inerziali, mentre il secondo stabilisce che la velocità della luce nel vuoto è la stessa in tutti i sistemi di riferimento.

Questa teoria risultò essere un'estensione della meccanica classica, che è contenuta nella relatività ristretta e può essere ritrovata se le velocità prese in considerazione sono molto inferiori a quella della luce. La perdita dei concetti di spazio e tempo assoluti ha conseguenze apparentemente contraddittorie o lontane dall'esperienza e dal senso comune, come la contrazione delle lunghezze e la dilatazione dei tempi, il paradosso dei gemelli. Tutti questi fenomeni, spiegati dalla relatività ristretta, sono in contrasto con il senso comune proprio perché richiedono velocità molto elevate (prossime a quelle della luce) per essere apprezzati; le esperienze di tutti i giorni, invece, avendo a che fare con velocità molto inferiori, possono essere spiegate efficacemente dalla fisica classica. Inoltre, mentre nella meccanica classica lo spazio e il tempo sono trattati come entità sostanzialmente distinte, la relatività ristretta introduce il concetto di spaziotempo, in cui essi sono indissolubilmente legati.[5].

Fu Max Planck a suggerire la parola "relatività", per sottolineare l'ottenimento di leggi ed equazioni che non cambiano forma nel passaggio tra sistemi di riferimento in moto relativo, e anche a indicare la soggettività delle descrizioni dei fenomeni fisici da parte di osservatori in diversi sistemi di riferimento.

Considerando anche i principi della termodinamica iniziati da Carnot .. ossia :

...quella branca della fisica che descrive le trasformazioni subite da un

sistema (sia esso naturale o costruito dall'uomo), in seguito ad un processo di scambio di

energia con altri sistemi o con l'ambiente esterno.

Fu Carnot nel 1824 a dimostrare che si può ottenere lavoro dallo scambio di calore tra due

sorgenti a temperature diverse. Attraverso questo teorema detto: **"Teorema di Carnet"**, e

tramite la macchina ideale da lui stesso inventata, egli quantificò questo lavoro e

introdusse il concetto di rendimento termodinamico. Nel 1848 Lord Kelvin utilizzando la

macchina di Carnet, introdusse il concetto di temperatura termodinamica assoluta e a lui si

deve la pubblicazione del secondo principio della termodinamica. Nel 1850 Joule dimostra

l'uguaglianza delle due forme di energia e si risolse la domanda che affermava:" se era

possibile ottenere calore dal lavoro in modo totale, non era possibile ottenere l'inverso".

Un sistema termodinamico è una porzione di spazio, separata dal resto dell'universo (cioè dall'ambiente esterno), mediante una superficie di controllo (questa superficie può essere reale o immaginaria, rigida o deformabile), in cui avvengono processi che permettono trasformazioni interne e scambi di materia o energia con l'ambiente esterno.

Si possono distinguere vari tipi di sistemi, ognuno identificabile tramite il modo di scambiare energia con l'esterno che utilizza. Abbiamo infatti:

• sistemi isolati: non scambiano calore, materia, lavoro con l'esterno;

• sistemi chiusi: scambiano energia (calore, lavoro), ma non materia con l'esterno.

Quando un sistema scambia calore, lavoro o entrambi, lo si può classificare in base alle proprietà al bordo:

• bordo adiabatico: non permette scambio di calore;

• bordo rigido: non permette scambio di lavoro;

Abbiamo inoltre i cosiddetti: "sistemi aperti": permettono scambio di energia e materia con l'esterno. Un contorno che permette scambio di materia è detto permeabile (o semipermeabile, se lascia passare solo determinate specie chimiche).

I principi della Termodinamica

I principi della termodinamica, enunciati nel corso del XIX secolo, regolano le trasformazioni termodinamiche, il loro svolgersi, ed i loro limiti.

Si possono distinguere tre principi di base più un principio (detto principio zero), che definisce la temperatura, e che è implicito negli altri tre.

- Il principio zero della termodinamica (detto talvolta zeresimo principio della termodinamica) stabilisce che: "se un corpo A è in equilibrio termico con un corpo B, e il corpo B è a sua volta in equilibrio termico con un altro corpo C, allora A è senz'altro in e quilibrio termico con il corpo C ". Anche se sembra un'ovvietà, questo principio non può essere dimostrato a partire dagli altri principi della termodinamica, e va quindi specificato a parte. Il principio zero infatti, viene utilizzato per effettuare la misura della temperatura, solo se quest'ultima viene intesa come proprietà che determina se un corpo è in equilibrio termico con altri corpi oppure no. "Due corpi in equilibrio termico fra loro sono alla stessa temperatura". Se a livello concettuale questa affermazione è elementare e basilare, la sua funzione è stata riconosciuta soltanto dopo la formulazione e la diffusione del primo e secondo principio della termodinamica, ed è stato pertanto deciso di attribuirgli il nome di "principio zero".

Per comprendere meglio il significato di "contatto termico", immaginiamo di avere due oggetti posti in un contenitore isolato in modo che essi possano interagire solo fra loro, senza contatti con il resto del mondo (o meglio ancora dell'Universo). Se gli oggetti si trovano a temperature diverse essi si scambiano energia. L'energia scambiata tra gli oggetti a causa della differenza di temperatura si chiama calore. A questo punto possiamo correttamente dire che: "i due oggetti sono in contatto termico, se tra essi può esserci scambio di calore". L'equilibrio termico è la situazione nella quale due o più corpi, in contatto termico tra di loro, cessano di avere scambio di calore.

Più semplicemente possiamo affermare che: "Il principio zero rappresenta la tendenza (di due o più oggetti), a raggiungere un'energia cinetica media comune degli atomi e delle molecole che compongono i corpi stessi, e tra cui avviene scambio di calore: in media infatti avremo come conseguenza che: durante gli urti delle particelle del corpo più caldo (mediamente più veloci), con le particelle del corpo più freddo (mediamente più lente), si avrà passaggio di energia dalle prime alle seconde, sino ad uguagliare le due temperature. L'efficienza dello scambio di energia determina i calori specifici dei materiali (o elementi) coinvolti nello scambio."

Veniamo ora a spiegare i Principi della Termodinamica

- Il primo principio della termodinamica (anche detto Legge di conservazione dell'energia) è il principio fondamentale da cui trae spunto gran parte della teoria della termodinamica.

Il cuore del primo principio, nonché dell'intera termodinamica è l'aver stabilito "l'equivalenza di calore e lavoro". Tale equivalenza fu dimostrata da Joule attraverso il noto esperimento nel quale trasferiva energia meccanica ad un sistema da lui inventato, lasciando cadere un peso accoppiato meccanicamente ad un'elica, immersa quest'ultima in un liquido contenuto in un recipiente, attraverso una corda. Il risultato dell'esperimento fu il constatare l'aumento della temperatura del liquido.

Ma cos'è il Bilancio Energetico?

Per poter definire il primo principio, in termini di bilancio energetico, c'è bisogno di due affermazioni essenziali:

- L'energia non si genera. ($\Delta E_G = 0$)
- L'energia non si distrugge. ($\Delta E_D = 0$)

Questo determina che: "In un sistema isolato (ovvero senza flussi di energia che vengono dall'esterno) l'energia in esso contenuta, è costante".

L'universo è considerato un sistema isolato.

È utile definire istante per istante, attraverso quali modalità è possibile scambiare energia con il sistema preso in considerazione; possiamo avere:

- Scambio Flusso convettivo: Se il tipo di scambio energetico è dovuto alla variazione della massa del sistema considerato a cui è associata un'energia (ad esempio se spingo 1 kg di acqua ad una certa velocità "w" in una caldaia, questa massa avrà un'energia cinetica, oppure se la lascio cadere del fluido da una certa altezza ci sarà un contributo di energia potenziale);

- **Scambio Calore:** Se la causa della variazione di energia del sistema dipenda da una variazione di temperatura. Tale scambio energetico si definisce "Potenza Termica" (energia termica fornita al sistema nell'unità di tempo) e la indichiamo con . L'unità di misura nel SI (Sistema Internazione) è, in questo caso, il Watt (W);
- **Scambio Lavoro:** Se la causa della variazione energetica è diversa da tutte quelle sopra menzionate. Chiameremo tale scambio energetico "Potenza Meccanica" e la indicheremo con . Anche in questo caso l'unità di misura è il Watt (W).

Premesso questo, possiamo affermare che: per un volume influenzato da più fattori esterni di scambio energetico, osserviamo che:

il bilancio di energia si può scrivere come:

Dove rappresenta la variazione totale dell'energia all'interno del sistema, i termini e rappresentano i flussi di calore e lavoro totali (entranti ed uscenti dal sistema) mentre gli altri due elementi, rappresentano le masse che entrano ed escono dal sistema, incrementando o diminuendo l' energia sotto forma di cinetica ( ), potenziale (gz) ed interna specifica per ogni massa (u).

Ed in un Sistema Chiuso?

Per un sistema chiuso, ovvero che non può scambiare nessuna massa con l'esterno, gli ultimi due elementi sono ovviamente nulli, per cui la relazione sarà:

Facendo riferimento alla sola energia per effettuare una trasformazione completa, e non alla potenza, e considerando EVC come energia interna del volume considerato (EVC = U) il bilancio energetico si può scrivere come:

Cioè, "la variazione di energia interna U di un qualsiasi sistema termodinamico (un uomo, un reattore chimico, un pianeta) corrisponde alla somma delle quantità di calore Q e lavoro L forniti al sistema". Q ed L sono considerati riferiti al sistema, vale a dire: L positivo quando è ceduto dal sistema all'ambiente, Q positivo quando è ceduto dall'ambiente al sistema.

Il primo principio può essere dunque scritto anche in forma differenziale:

Dove d è un differenziale esatto mentre, dato che le variazioni infinitesime di calore e lavoro esprimono differenziali non esatti, le indicheremo con il simbolo δ.

La prima legge della termodinamica definisce inoltre l'energia interna come funzione di stato, ovvero una caratteristica termodinamica utile ad identificare lo stato energetico del sistema preso in esame. In maniera più semplicemente: "assegnate le coordinate termodinamiche di pressione, massa e temperatura per il sistema in esame, il valore di U è univocamente determinato a prescindere dal processo con cui si è raggiunto tale stato":
U rappresenta quindi una funzione di stato.

- **Il secondo principio della termodinamica**, è legato alla termodinamica classica ed è fondamentale in Fisica, poiché "stabilisce il verso delle interazioni termodinamiche", o meglio ancora: "chiarisce il perché una trasformazione avviene spontaneamente in un modo piuttosto che in un altro".

• Esempio: pensiamo al calore che fuoriesce naturalmente da una sorgente più calda e si dirige verso una più fredda: il processo inverso è impossibile.

Impossibilità, questa, non deducibile dal 1° principio della termodinamica.

Il secondo principio della termodinamica si basa sull'introduzione di una nuova funzione di stato, detta "**entropia**". Di seguito indico due modi diversi di intendere il 2° principio:

• Il primo si basa su una valutazione quantitativa del 2° principio.

• Il secondo è legato ai fenomeni fisici attraverso i quali si manifesta il 2° principio.

Formulazione attraverso il concetto antropico

Volendo fornire una definizione più concreta del secondo principio della termodinamica si ricorre al cosiddetto postulato entropico: si definisce ovvero l'esistenza di una coordinata termodinamica (funzione di stato) detta entropia definendone le proprietà. Il postulato entropico assume la seguente forma:

- L'entropia è una grandezza non conservativa, ovvero può essere generata;
- L'entropia non può essere distrutta ;

È utile definire, istante per istante, attraverso quali modalità il sistema preso in riferimento (delimitato da un volume di controllo VC) vari la sua entropia. Possiamo avere:

- Flusso entropico convettivo: Se il tipo di variazione entropica è dovuto a masse entranti o uscenti dal sistema.

- Flusso entropico termico: Se esiste all'interno del sistema uno scambio di energia sottoforma di calore con una sorgente termica a temperatura . In tal caso il flusso entropico associato sarà:

Lo scorrere del lavoro attraverso la superficie, non implica flusso entropico.

Possiamo allora scrivere il bilancio entropico con la seguente relazione:

Esplicitando le forme di scambio entropico possiamo scrivere:

Dove il termine indica la variazione entropica, l'entropia generata, il flusso convettivo e l'entropia generata dagli scambi di calore con sorgenti a temperatura T.

- Per un sistema chiuso (ovvero che non scambia massa con il mondo esterno), scompaiono i termini convettivi, per cui la relazione diventa:

- Per un sistema isolato, ovvero che non scambia né energia né massa con l'esterno, scompariranno anche i termini entropici legati al flusso termico, per cui scriveremo:

Possiamo ricavare che: per il 1° concetto entropico, definito in un intervallo finito di tempo qualunque avremo:

Siccome l'universo si considera un sistema isolato, l'entropia dell'universo è in continuo aumento.

Formulazione attraverso gli enunciati di Clausius e Kelvin-Planck

Nel corso della storia, si sono avute molte formulazioni equivalenti che regolano il secondo principio della termodinamica. Quelle più importanti affermano che:

- Nella formulazione di Clausius: è impossibile realizzare una trasformazione il cui unico risultato sia quello di trasferire calore da un corpo più freddo a uno più caldo".

- Nella formulazione di Kelvin-Planck: "è impossibile realizzare una trasformazione il cui unico risultato preveda che tutto il calore assorbito da una sorgente omogenea sia interamente trasformato in lavoro".

- Non è possibile - nemmeno in linea di principio - realizzare una macchina termica il cui rendimento sia pari al 100%.

Nella fisica moderna però, la formulazione più ampiamente usata è quella che si basa sulla funzione entropia:

- **In un sistema isolato l'entropia è una funzione non decrescente nel tempo.**

Questo principio ha avuto, da un punto di vista storico, un impatto notevole. Infatti: "se implicitamente sancisce l'impossibilità di realizzare il moto perpetuo, contemporaneamente tramite la non reversibilità dei processi termodinamici, definisce una freccia del tempo".

Il secondo principio della termodinamica non è valido in ambito microscopico, come dimostra l'esistenza dei moti browniani.

I due principi della termodinamica macroscopica valgono anche nei sistemi aperti, e vengono generalizzati tramite l'exergia.

Equivalenza dei primi due trattati

L'equivalenza del trattato di Kelvin-Planck e quello di Clausius si può mostrare tramite il seguente ragionamento matematico. Andremo ad indicare con Kelvin la proposizione corrispondente al trattato di Kelvin, con non Kelvin la sua negazione, con Clausius la proposizione corrispondente al trattato di Clausius e con non Clausius la sua negazione.

Non Clausius implica non Kelvin (ovvero Kelvin implica Clausius)

Supponiamo che il trattato di Clausius sia falso, e che esista ad esempio una macchina frigorifera ciclica in grado di trasferire calore da una sorgente fredda ad una calda, senza l'apporto di lavoro esterno.

Sia Q la quantità trasferita ad ogni ciclo della macchina.

Possiamo allora far lavorare una macchina termica tra le due sorgenti, in modo tale che essa sottragga ad ogni ciclo una quantità di calore uguale Q dalla sorgente calda, trasferendo a quella fredda una quantità Q' e convertendo la differenza Q - Q' in lavoro.

La sorgente calda allora non subisce alcun trasferimento netto di calore e pertanto il nostro sistema di macchine termiche sta estraendo calore, globalmente, dalla sola sorgente fredda, in violazione della formulazione di Kelvin-Planck del secondo principio.

Non Kelvin implica non Clausius (ovvero Clausius implica Kelvin)

Supponiamo ora di poter convertire integralmente il calore in lavoro, estratto per mezzo di una macchina ciclica da una sola sorgente S a temperatura costante.

Sia L tale lavoro estratto in un ciclo.

Allora possiamo prendere una seconda sorgente S' a temperatura più alta e far funzionare una macchina frigorifera tra le due sorgenti, che assorba ad ogni ciclo il lavoro L prodotto dall'altra macchina.

Si ha così un trasferimento netto di calore dalla sorgente fredda S alla sorgente calda S', in violazione dell'enunciato di Clausius.

- Il terzo principio della termodinamica, detto anche teorema di Nernst, è stabilisce l'impossibilità di una certa classe di fenomeni: la formulazione di questo principio afferma che: "non è possibile raggiungere lo zero assoluto tramite un numero finito di operazioni (ovvero di trasformazioni termodinamiche)".

- Il terzo principio come teorema

Il terzo principio della termodinamica è a tutti gli effetti un teorema. Per dimostrarlo immaginiamo di avere a che fare con una macchina che lavora tra le temperature θ e θ_0. Supponiamo che la macchina in questione scambi le quantità di calore Q e Q0 con sorgenti alle temperature θ e θ_0. In questo modo possiamo calcolare la temperatura Kelvin utilizzando la relazione:

da cui risulta chiaro che: "variare una temperatura non significa altro che moltiplicarla per una certa quantità". Così se si avesse a disposizione un frigorifero, reale questa volta, che è in grado, ad ogni suo ciclo, di far diminuire la sua temperatura di un fattore esso non riuscirebbe mai a giungere allo zero assoluto con un numero finito di cicli: infatti, per il secondo principio della termodinamica, il rendimento di una machina reale η_{reale} è pari a con Grazie a queste due proprietà, possiamo facilmente comprendere che ovvero: "il rapporto tra il calore ceduto e quello assorbito non può mai assumere un valore nullo". Se ci riferiamo all'esempio precedente, possiamo affermare che: se un frigorifero riuscisse ad ogni ciclo a dimezzare la sua temperatura, non riuscirebbe in alcun caso, neanche attraverso un unico ciclo, a portarla a zero in un tempo finito.

Terzo principio della termodinamica visto della termodinamica statistica

Dal punto di vista microscopico, il terzo principio può essere enunciato in questo modo: "l'entropia assoluta di un solido cristallino alla temperatura di 0 °K è 0".

In questa affermazione, l'entropia diviene una grandezza assoluta.

Infatti nella termodinamica statistica, l'entropia è data dalla relazione:

$S = K \log W$

Dove S è l'entropia, K è la costante di Boltzman, data da $K = R/N$ (cioè la costante universale dei gas fratto il numero di Avogadro) e W è il numero di microstati del sistema compatibile col numero di macrostati.

Da questo verifichiamo facilmente che la variabile da cui dipende l'entropia è W, come si osserva nell'equazione, R ed N sono due costanti, e per questo anche K lo sarà, visto che risulta essere il rapporto di queste ultime. Possiamo ora definire:

- Il macrostato: come l'insieme delle condizioni macroscopiche di un sistema, quindi pressione, temperatura, numero di moli, volume.
- Il microstato: è invece un concetto legato al tempo.

Possiamo immaginare di scattare all'istante t una foto ad un sistema che si trova a determinate condizioni, cioè si trova in un ben preciso macrostato. Notiamo che le particelle del sistema avranno una determinata posizione. Se scattiamo la foto al sistema al tempo t_1, notiamo che la posizione delle molecole cambia. E la rapidità e la possibilità che hanno queste particelle di cambiare la loro posizione, dipende dal macrostato. Come possiamo notare, il numero di macrostati varierà col tipo di macrostato. Infatti:

- Se il numero di macrostati è proporzionale al volume, più grande è la capacità del sistema, più possibilità hanno le molecole di muoversi;
- Se il numero di microstati sarà proporzionale alla temperatura, alle alte temperature l'energia cinetica delle particelle aumenta e quindi aumenta il numero di urti e quindi il numero di microstati.
- Per il numero di moli (o meglio ancora, particelle) il discorso diventa intuitivo, infatti maggiore è il numero di moli, maggiore sarà il numero di microstati.
- Per la pressione avremo che: a pressioni elevate, la distanza tra molecole diminuisce e quindi anche lo spazio in cui esse possono muoversi, di conseguenza il numero di microstati diminuirà con l'aumentare della pressione.

Possiamo dunque affermare che: "l'entropia di un solido è minore dell'entropia di un liquido e minore dell'entropia di un gas"

$S_{solido} < S_{liquido} < S_{gas}$

Risulta chiaro che: se la temperatura è di 0 °K, anche l'energia cinetica sarà 0 e quindi le molecole saranno ferme. Il numero di microstati possibili compatibili col macrostato è di conseguenza 1

W=1

E poiché il logaritmo di 1 è 0, S sarà uguale a zero.

Quindi abbiamo constatato che il moto perpetuo non esiste... ma se lo scenario propinato non fosse quello reale?

ALBEROBELLO - Bisogna procedere lungo la strada provinciale che da Putignano conduce a Noci e di qui ad Alberobello. Ci si inerpica lungo una stretta salita su un ponticello.

Contrada Montedoro è un'oasi di verde costellata da diverse ville, immerse nel silenzio, lontane dal chiasso cittadino. **Mario Locorotondo** risiede in una di queste ville. È un uomo di 74 anni che nella vita ha svolto tutti i mestieri possibili e ne ha di cose da insegnare. Dimostra 15 anni di meno con il suo fisico asciutto e gli occhi celesti che scrutano.

È un piccolo Archimede. Nella sua casa, in 6 anni di tempo, ha messo a punto un «**Meccanismo gravitazionale**». Questo è il nome che egli stesso attribuisce alla sua macchina perfetta. «È il risultato dell'applicazione dei principi della meccanica pura», dice.

La sua invenzione consiste in un meccanismo elementare alimentato dalla forza di gravità. È in grado di produrre lavoro (parola qui intesa in senso scientifico) a tempo indeterminato e di alimentare, per esempio, generatori di energia elettrica, fino al blocco per usura dei suoi componenti.

«L'idea - afferma **Mario Locorotondo** - nasce dalla necessità di costruire un meccanismo capace di produrre lavoro senza dissipare o inquinare.

Io credo di poter risolvere radicalmente il problema energetico e di poter ridurre drasticamente l'inquinamento».

Il novello inventore è disposto a cedere il brevetto anche a titolo gratuito a chiunque, enti pubblici o aziende, vorranno approfondire la questione. Nel suo garage tutto è in perfetto ordine. Su un tavolo è poggiata la sua macchina, che è delicatissima. Tutto si realizza grazie alla combinazione tra un corpo rotante e una leva, e ad altri elementi che fanno da supporto.

L'inventore spiega: «Questi imprigionano il meccanismo funzionante in una posizione di costante sbilanciamento». Mostra i due elementi rotanti che si attivano in base a meccanismi complicati da descrivere e che rincorrono una condizione di equilibrio. Il moto rotatorio non ha bisogno di spinte ma si autoalimenta per effetto della forza di gravità.

Nella proposta di brevetto in 6 cartelle è descritto il meccanismo di funzionamento. Dopo la descrizione, Mario si ferma quando il cronista pronuncia le parole fatali: «Moto perpetuo». Non vuol sentire nominare questa espressione. «**Il moto perpetuo non esiste**», taglia corto.

<u>**Il motivo è racchiuso in una lettera che ha ricevuto dal Ministero dello sviluppo economico. L'invenzione non possiede «i requisiti di brevettabilità - scrivono da Roma - in quanto trattasi di moto perpetuo e privo, quindi, del requisito di industrialità». Dal ministero fanno sapere che «un dispositivo capace di produrre lavoro senza dissipare è in evidente contrasto col principio di conservazione dell'energia». Insomma la richiesta è stata respinta.**</u>

Il 74enne inventore non si è certo perso d'animo. Ha preso carta e penna e ha inviato una diffida al ministero dal «considerare il meccanismo gravitazionale da me ideato come un moto perpetuo».

La macchina, per Mario Locorotondo, appartiene **«alla categoria delle macchine semplici e si differenzia dalle altre perché alimentata dalla sola forza di gravità».** Produce forza lavoro a costo zero e non produce inquinamento di alcun tipo. «Venite a vederlo - è l'esortazione a tutti -. Estenderei il brevetto se il Ministero si attivasse rapportandosi con me».

Quindi appurato questo aspetto scientifico sulla considerazione odierna della fisica ufficiale che teniamo come unico riferimento reale ancora oggi ,posso domandarmi ... ma ?! ...

Il petrolio .... è mai stato un combustibile fossile non rinnovabile?

Oppure... e stato classificato solamente come tale dalle lobby per manipolarne il prezzo ?

Rockfeller in passato cambio la definizione dell 'olio nero in quella attuale, ossia di combustibile **fossile** prodotto esauribile rendendo il business un monopolio.indottrinando geologi politici pur di alzare il prezzo.

Nell'era moderna si da per scontato il sistema mondo in cui viviamo come reale di cui ci fidiamo a prescindere perche nati e cresciuti nella disinformazione ,pero restiamo vacillanti davanti all'avvento del cambiamento che il digitale basato su un linguaggio che possiamo scrivere leggere e programmare modificare in tempo reale .

Oggi nel mondo degli investimenti si puo finanziare ogni cosa grazie alla tecnologia blockchain
La **blockchain**, in italiano "catena di blocchi", può essere semplificata come un processo in cui un insieme di soggetti condivide risorse informatiche (memoria, CPU, banda) per rendere disponibile alla comunità di utenti un database virtuale generalmente di tipo pubblico, ma esistono anche esempi di implementazioni private, e in cui ogni partecipante ha una copia dei dati.

L'utilizzo di un protocollo di aggiornamento ritenuto sicuro dalla comunità degli utenti e di tecniche di validazione crittografiche genera la reciproca fiducia dei partecipanti nei dati conservati dalla blockchain, fiducia che la rende comparabile ai "registri" gestiti in maniera accentrata da autorità riconosciute e regolamentate (banche, assicurazioni ecc.).
Il primo blockchain distribuito fu concettualizzato nel 2008 da una persona anonima o da un gruppo di persone che vanno sotto il nome di Satoshi Nakamoto e implementato l'anno seguente come componente principale della valuta digitale bitcoin dove funge da libro mastro pubblico per tutte le transazioni
Nel 2014 si iniziò ad usare il termine "Blockchain 2.0" per riferirsi alla nuova versione distribuita di blockchain.[8] Questa nuova versione andò oltre alle normali transazioni permettendo lo scambio di valute senza l'intermediazione di organizzazioni che muovono i soldi. L'aspettativa è quella di permettere alle persone escluse dall'attuale monetizzazione di poter entrare in possesso di un deposito monetario affidabile e sicuro con la possibilità di proteggere la privacy e monetizzare le proprie informazioni. Secondo alcuni autori ha anche il potenziale per risolvere il problema della disuguaglianza sociale, cambiando il modo in cui la ricchezza viene ridistribuita.
Stabilito che la blockchain ,oltre a fornire l'algoritmo di base in grado di regolare i protocolli che costituiscono le monete digitali ovvero i token, offre all'utente il libero scambio di valute negli Exchange ,portando a termine in maniera riservata ogni transazione di scambio in modo infallibile.
Partendo da questo principio di finanziamento in ambito finanziario che in passato fu utilizzato negli anni settanta per le penny stock .Il difetto di quel sistema denuciava la poca privacy relativa al tracciamento dell'ivestitore ,la poca trasparenza e sicurezza, e la lentezza negli scambi ,che venivano regolati mediante fogli rosa cartacei .Premesso che in quegli anni non si disponeva della rete globale offerta da internet ne di regole e di protocolli peer to peer che oggi garantiscono le transazioni in Blockchain.Si possono facilmente capire e giustificare i limiti e difetti riscontrati in quel periodo storico non veicolato dalla tecnologia.Un'altra falla risiedeva nella tempistica di scambio poiche non vi erano milioni di transazioni al minuto come accade oggi nella blockchain.
Quindi si puo constatare che oggi invece il sistema blockchain risolve ogni problema permettendo di investire in societa non quotate in borsa, ovvero in startup o ICO,per mezzo di compravendite di moneta digitale in tempo reale,in totale sicurezza e privacy .
Oggi si puo garantire lo stesso principio di vendita sul mercato utilizzato nelle penny stock, onorme potenziale al rialzo con minimo investimento, garantendo trasparenza del capitale che sara sempre e costantemente nelle nostre mani ,in wallet digitali consultabili da pc e smartphone.

La Tecnologia Blockchain , come funziona sviluppi e applicazioni future.

Dai "castelli" pieni di milionari in bitcoin alla febbre delle prime transazioni ICO in moneta digitale è difficile non accorgersi della frenesia che circola su chi sta costruendo le proprie fortune nel nuovo mondo delle criptovalute. Dietro queste nuove monete c'è una tecnologia chiamata blockchain (catena a blocchi), che alcuni ritengono possa riscrivere dalla fondamenta il modo in cui gestire le transazioni sul web.Tenendo presente che alcuni analisti di UBS stimano dai 300 ai 400 miliardi di dollari il volume creato dalle blockchain entro il 2027 è chiaro come, indipendentemente da cosa accadrà a proposito di un'eventuale bolla dei bitcoin, la tecnologia delle blockchain non è destinata a scomparire.Ecco cosa bisogna sapere sulle blockchain, la tecnologia che è destinata a sconvolgere il mondo dei contratti, della finanza, delle spedizioni e di innumerevoli altri settori.

Le blockchain sono registri digitali ...Per farla semplice, la blockchain è un libro mastro, un registro. Ogni unità del registro è un "blocco", e i blocchi sono collegati tra loro nell'ordine in cui sono stati creati. I blocchi sono connessi usando la crittografia, che li lega in modo virtualmente non modificabile.Pensate a una blockchain come fosse una playlist musicale in perenne evoluzione.

Immaginate di iniziare una nuova playlist su Spotify. Ogni volta che aggiungete un brano, create una nuova versione della playlist, ovvero un nuovo "blocco" nella catena. Il nuovo blocco contiene la nuova canzone, e tutte le altre precedenti.

Se vostra cugina decide di aggiungere un nuovo pezzo country alla playlist, crea un nuovo blocco sulla catena. Se quel blocco sarà approvato da tutti i partecipanti, un nuovo blocco sarà di fatto aggiunto alla catena e diventerà una nuova versione della playlist. Se vostra cugina deciderà di cancellare un brano dalla playlist, la versione successiva di quest'ultima conterrà l'informazione che il brano esisteva nella playlist, ma è stato cancellato.Sono molto utili in situazioni in cui è necessario un sistema di registrazione affidabile.

Nel 2009 Bernie Madoff fu condannato a 150 anni di reclusione per aver condotto il sistema fraudolento più grande nella storia degli Stati Uniti.Le blockchain servono per due cose: registrare degli eventi, e assicurarsi che quella registrazione non venga mai cancellata.

Questo le rende particolarmente utili nelle situazioni in cui due persone vogliono fare un accordo, ma non si fidano l'uno dell'altro.

Alcuni pensano che le blockchain potrebbero porre fine alle transazioni fraudolente, come lo schema Ponzi, che intorno al 2009 portò alla condanna del famoso investitore Bernie Madoff.

Le blockchain potrebbero col tempo rimpiazzare istituti bancari e legali.

Come società civile, abbiamo sviluppato istituzioni come gli studi legali e le banche, per gestire lo scambio delle proprietà e del denaro.

Molti di questi scambi possono però essere compiuti usando la tecnologia blockchain in quanto queste ultime permettono contratti "intelligenti" – ovvero, dei contratti auto eseguenti. I contratti intelligenti utilizzano regole per esigere che una cosa accada nella maniera desiderata.

Ad esempio: se la Persona A sta affittando un appartamento, il contratto intelligente potrebbe richiedere che la Persona B trasferisca $ 1,000 alla Persona A, in cambio del codice della porta dell'appartamento.

Le blockchain eliminano il rischio di avere un intermediario che frodi qualcuno da entrambi i lati della transazione, o che prenda i soldi e scappi. Bitcoin, la prima blockchain in assoluto, è stata creata esattamente per questo, nel 2009.

Nel 2014 Dorian Prentice Satoshi Nakamoto, uno statunitense di origini giapponesi, è stato creduto per errore il creatore di Bitcoin. La vera identità del creatore o dei creatori di bitcoin rimane sconosciuta. Bitcoin – la super criptovaluta popolare il cui prezzo è volato sopra gli $ 10.000 per unità, è stata la prima blockchain mai creata.

Bitcoin è stato creato nel 2009, seguendo le istruzioni contenute in un libro bianco scritto da un misterioso personaggio conosciuto come Satoshi Nakamoto, la cui vera identità è ancora sconosciuta.

L'idea originale era di creare una forma di contante elettronico che potesse essere scambiata "peer-to-peer", senza passare attraverso una banca – un obiettivo ispirato, durante la recessione del 2007-2008, dalla crisi bancaria.

L'intero sistema è diffuso, in modo che nessuna singola istituzione ne abbia il completo controllo

Siccome non c'è un server centrale da manomettere o attaccare, gli hacker non possono semplicemente prendere il controllo di un singolo computer ed effettuare delle modifiche. Ciò può essere ad esempio simile alla struttura di una banca, con il suo database centrale di informazioni, o con un caveau centrale dove è custodito tutto il denaro.

Le blockchain tutelano inoltre gli utenti dal dover necessariamente fare affidamento su istituzioni, come le banche, che spesso prendono decisioni per il proprio interesse, in alcuni contesti volatili e suscettibili di fallimento.

Ogni modifica nella blockchain deve essere approvata dalla rete

Uno dei motivi per cui è così difficile modificare i blocchi è che una blockchain vive attraverso una rete diffusa di computer, che devono approvare tutti i cambiamenti che avvengono sulla propria rete.

Questo procedimento è chiamato "consenso", ed è considerato uno dei principali vantaggi, a proposito di sicurezza, di lavorare su una blockchain.Uno dei maggiori svantaggi delle blockchain è che sono un po' lente

Ogni applicazione costruita su una blockchain elabora l'intera cronologia di quella stessa blockchain, ogni volta che viene apportata una modifica. Ciò significa che le transazioni che avvengono su blockchain sono estremamente lente, rispetto alle normali velocità dei sistemi informatici.

Bitcoin, ad esempio, può gestire solo sette transazioni al secondo, mentre Ethereum ne gestisce circa 13. A partire dal 2014, Visa dovrebbe essere in grado di gestire 56.000 transazioni al secondo.

Mentre blockchain come Bitcoin ed Ethereum guadagnano terreno, gli ingegneri dovranno adeguare la tecnologia in modo che sia proporzionata al suo pieno potenziale.

Quando qualcosa deve essere modificato, c'è bisogno di un "bivio" Ovvero la possibilità di creare ed associare nuove Coin figlie dello stesso algoritmo .Il risultato sarà quello di ottenere delle sotto monete ibride che utilizzano regole diverse .Queste monete vengono chiamate AltCoin.

Per esempio ,Come in un bivio stradale, quando una catena si divide in due si ha un bivio (fork) sulla blockchain. Nelle blockchain i bivi sono usati quando c'è un cambiamento nelle regole o uno dei blocchi deve essere rimosso.

In ogni caso, grazie alla rete diffusa – che richiede a ciascun computer di approvare ogni cambiamento – i bivi non sono facili da ottenere. Nelle comunità che devono prendere questo tipo di decisioni, i bivi diventano spesso materia di dibattito politico.

I bivi possono diventare una questione abbastanza politica, specialmente quando si tratta di criptovalute

La blockchain di Bitcoin, ad esempio, ha visto la creazione di diversi bivi, mentre la più vasta comunità lavora per creare blockchain in grado di gestire più transazioni al secondo di quanto sia possibile su una blockchain base.

Una di queste biforcazioni si è verificata ad agosto, con la creazione di "bitcoin cash". La nuova blockchain ha la stessa storia della blockchain originale di bitcoin, fino al momento in cui si è scissa.

Solo per fare un esempio di come sono andate le cose sul versante politico: gli scambi altamente redditizi sulla piattaforma online acquistare, vendere, trasferire e conservare moneta digitale Coinbase hanno visto una fuga di utenti in risposta alla decisione dell'azienda di non ospitare bitcoin cash. L'azienda è rapidamente tornata sulla sua decisione, decidendo di sostenere la nuova valuta.In definitiva, la maggior parte dei consumatori non noterà mai la differenza

Nonostante la smania attuale, le blockchain sono state progettate per essere la spina dorsale della parte di Internet più orientata alle transazioni finanziarie. Sebbene si possa notare un miglior controllo sugli articoli acquistati online, o la riduzione delle commissioni internazionali, la maggior parte dei consumatori non avrà mai direttamente a che fare con le blockchain.

Due delle blockchain più popolari sono Ethereum e Hyperledger FabricVitalik Buterin, fondatore di Ethereum. John Phillips/Getty Images for TechCrunch

Chiunque abbia capacità tecnica può creare la sua blockchain, ma molte aziende hanno scelto di essere dentro blockchain esistenti con reti più vaste, perché col tempo la loro tecnologia è stata collaudata e migliorata.

Due delle blockchain più popolari sono Ethereum e Hyperledger Fabric, entrambe in grado di facilitare la costruzione di strumenti su blockchain sia per le startup sia per le grandi aziende.

Ethereum è la blockchain più popolare tra le startup che utilizzano le ico.

Ethereum è una blockchain pubblica, dove cioè qualsiasi cosa accada è pubblicamente visibile. È stata creata nel 2013 da un diciannovenne, Vitalik Bruterin, che è da allora il volto di questa tecnologia.

La blockchain di Ethereum ha una sua criptovaluta chiamata ether (etere), che vale circa $ 400 per unità. Questa blockchain è diventata anche la piattaforma di una serie di startup che stanno costruendo una gamma di prodotti – da app come uPort, che ha l'obiettivo di sostituire i documenti di identità rilasciati dallo stato con un'identità digitale autenticata, a GridPlus, che utilizza la blockchain di Ethereum per tracciare il consumo di energia, con l'obiettivo di abbassare i costi delle bollette.Hyperledger Fabric permette alle grandi aziende di mettere in piedi progetti di blockchain private Ginni Rometty, CEO di IBM, ha posizionato l'azienda come leader delle blockchain. Ibm Hypderledger Fabric è una blockchain ibrida pubblica/privata creata dalla Linux Foundation, che offre maggiore privacy alla creazione di prodotti su blockchain, rispetto ad altre blockchain pubbliche, in un modo più facile per le grandi aziende.

È stata adottata da una serie di grandi società come IBM, Cisco e Oracle...che utilizzano la tecnologia offerta da questa rete nei propri prodotti blockchain. Ibm sta usando le blockchain per tracciare gli alimentari nel mondo, migliorando la qualità del cibo Ibm ha qualche progetto su blockchain, tra i quali un prodotto che mira a prevenire le malattie di origine alimentare, migliorando il sistema che tiene traccia dei prodotti dalla fattoria al negozio di alimentari.

La società sta inoltre collaborando con le startup di tecnica finanziaria Stellar.org e KlickEx Group per utilizzare la tecnologia blockchain, elaborando le transazioni finanziarie che superano confini e valute – un processo spesso lento e proibitivo per i proprietari di piccole imprese, specialmente quando si trovano nelle aree in via di sviluppo, specialmente avendo a che fare con istituti bancari di piccole dimensioni.

Oracle sta varando una piattaforma per far sì che i propri clienti creino i propri contratti intelligenti (Smart Contract per le startup)

Nel 2018 Oracle ha in programma di lanciare un prodotto per le aziende con strumenti "pre-assemblati", da utilizzare per tutto ciò che necessiti contratti, transazioni o tracciamento.

È uno dei più grandi progetti pensati fino a questo momento, che consentirà alle aziende di trarre vantaggio dalle blockchain senza dover interagire direttamente con l'infrastruttura tecnica, complicata e difficile da utilizzare, che c'è dietro questa tecnologia.

Gli analisti predicono che entro il 2027 le blockchain potrebbero costituire un mercato da 400 miliardi di dollari

Nei prossimi 10 anni le blockchain potrebbero avere un impatto significativo sulle industrie.

In ottobre, il Chief Investment Office di UBS ha pubblicato un rapporto intitolato "Cryptocurrencies: Beneath the bubble", stimando che entro il 2027 la tecnologia blockchain potrebbe dare dai 300 ai 400 miliardi di dollari all'economia globale.

Gli analisti di UBS non sono però liberi da riserve. Il rapporto dice che, mentre questa tecnologia nei prossimi 10 anni potrebbe portare a "significative e dirompenti tecnologie", devono essere risolte alcune "carenze tecnologiche" prima che sia chiaro su quali applicazioni sia più redditizio investire.

La Startup oggi :

Oggi una startup rappresenta il miglior modo di investire utilizzando sgravi fiscali nell'ambito della tutela ambientale nella ricerca e nello sviluppo. In economia con il termine **startup** (in italiano, *neoimpresa*) si identifica una nuova impresa nelle forme di un'organizzazione temporanea o una società di capitali in cerca di soluzioni organizzative e strategiche che siano ripetibili e possano crescere indefinitamente. Inizialmente il termine veniva usato unicamente nel settore terziario avanzato. Oggi, con la diffusione dell'informatica, aziende appartenenti ad un altro settore economico possono sperimentare le stesse soluzioni. Spesso queste società vengono gestite con un approccio di tipo Lean Startup, partendo dalla creazione di un Minimum Viable Product (MVP). Una "matricola" è una società di nuova quotazione (attraverso una offerta pubblica iniziale) presso una Borsa Valori, che potrebbe essere una start-up, ma anche una società dai contenuti tradizionali. Di solito le start-up attraggono inizialmente capitali da investitori privati early stage per poi procedere una volta maturato il business model ad una eventuale quotazione sui mercati finanziari.
Nel 2006, Andrew Keen scrisse che le neoimprese e il Web 2.0 erano un "grande movimento utopico", una sorta di utopismo tecnologico, simile a una "società comunista" nel modo in cui quest'ultima viene descritta dal filosofo ed economista Karl Marx; l'autore nota come il linguaggio degli imprenditori del settore informatico sia cambiato da termini come *cool* ('figo'), *eyeballs* (letteralmente 'bulbo oculare', significa fissare qualcosa, dedicargli tutta la propria attenzione) e *burn-rate* (la quantità di denaro necessaria a una neoimpresa per rimanere in piedi) vengono sostituite da espressioni militanti e assurde come *Empowering citizen media* (dare più potere ai mezzi di informazione gestiti dai cittadini), *radically democratize* (permettere una gestione molto più democratica di qualcosa), *smash elitism*(colpire i

comportamenti che favoriscano le i gruppi elitari), *content redistribution* (ridistribuzione dei contenuti), *authentic community* (comunità autentica). L'autore vede il Web 2.0 come un'ideologia trasmessa degli imprenditori della Silicon Valley che venera il creativo della domenica, come chi nel tempo libero fa filmati, canta canzoni o scrive libri; viene suggerito da tale ideologia che chiunque, anche la persona più ignorante e meno alfabetizzata, possa e debba usare i mezzi digitali per esprimersi e realizzarsi[16]. Il decreto-legge 18 ottobre 2012, n. 179 (cosiddetto "Crescita 2.0")[3], definisce una start-up innovativa nel modo seguente:

« Ai fini del presente decreto, l'impresa start-up innovativa, di seguito «start-up innovativa», è la società di capitali, costituita anche in forma cooperativa, di diritto italiano ovvero una Societas Europaea, residente in Italia ai sensi dell'articolo 73 del decreto del Presidente della Repubblica 22 dicembre 1986, n. 917, le cui azioni o quote rappresentative del capitale sociale non sono quotate su un mercato regolamentato o su un sistema multilaterale di negoziazione, che possiede i seguenti requisiti:

- LETTERA SOPPRESSA DAL D.L. 28 GIUGNO 2013, N. 76, CONVERTITO CON MODIFICAZIONI DALLA L. 9 AGOSTO 2013, N. 99;
- è costituita e svolge attività d'impresa da non più di quarantotto mesi;
- ha la sede principale dei propri affari e interessi in Italia;
- a partire dal secondo anno di attività della start-up innovativa, il totale del valore della produzione annua, così come risultante dall'ultimo bilancio approvato entro sei mesi dalla chiusura dell'esercizio, non è superiore a 5 milioni di euro;
- non distribuisce, e non ha distribuito, utili;
- ha, quale oggetto sociale esclusivo o prevalente, lo sviluppo, la produzione e la commercializzazione di prodotti o servizi innovativi ad alto valore tecnologico;
- non è stata costituita da una fusione, scissione societaria o a seguito di cessione di azienda o di ramo di azienda;
- possiede almeno uno dei seguenti ulteriori requisiti:
    - le spese in ricerca e sviluppo sono (uguali o superiori al 15 per cento) del maggiore valore fra costo e valore totale della produzione della start-up innovativa. Dal computo per le spese in ricerca e sviluppo sono escluse le spese per l'acquisto e la locazione di beni immobili. Ai fini di questo provvedimento, in aggiunta a quanto previsto dai principi contabili, sono altresì da annoverarsi tra le spese in ricerca e sviluppo: le spese relative allo sviluppo precompetitivo e competitivo, quali sperimentazione, prototipazione e sviluppo del *business plan*, le spese relative ai servizi di incubazione forniti da incubatori certificati, i costi lordi di personale interno e consulenti esterni impiegati nelle attività di ricerca e sviluppo, inclusi soci ed amministratori, le spese legali per la registrazione e protezione di proprietà intellettuale, termini e licenze d'uso. Le spese risultano dall'ultimo bilancio approvato e sono descritte in nota integrativa. In assenza di bilancio nel primo anno di vita, la loro effettuazione è assunta tramite dichiarazione sottoscritta dal legale rappresentante della start-up innovativa;
    - impiego come dipendenti o collaboratori a qualsiasi titolo, in percentuale uguale o superiore al terzo della forza lavoro complessiva, di personale in possesso di titolo di dottorato di ricerca o che sta svolgendo un dottorato di ricerca presso un'università italiana o straniera, oppure in possesso di laurea e che abbia svolto, da almeno tre anni, attività di ricerca certificata presso istituti di ricerca pubblici o privati, in Italia o all'estero, ovvero, in percentuale uguale o superiore a due terzi

della forza lavoro complessiva, di personale in possesso di laurea magistrale ai sensi dell'articolo 3 del regolamento di cui al decreto del Ministro dell'istruzione, dell'università e della ricerca 22 ottobre 2004, n. 27;

- sia titolare o depositaria o licenziataria di almeno una privativa industriale relativa a una invenzione industriale, biotecnologica, a una topografia di prodotto a semiconduttori o a una nuova varietà vegetale ovvero sia titolare dei diritti relativi ad un programma per elaboratore originario registrato presso il Registro pubblico speciale per i programmi per elaboratore, purché tali privative siano direttamente afferenti all'oggetto sociale e all'attività di impresa. »

Le **Initial Coin Offering** (meglio conosciute come ICO) sono oramai ampiamente diffuse nel mondo delle criptovalute e della Blockchain e si stima che nel solo anno 2017 siano stati raccolti circa 1,25 miliardi di dollari con tale strumento.

Le ICO sono una forma di finanziamento, utilizzata da startup o da soggetti che intendono realizzare un determinato progetto, resa possibile tramite la tecnologia. In estrema sintesi, per reperire dei finanziamenti si propone al pubblico (*normalmente tramite un cd. "withepaper"*) un progetto che sarà realizzato tramite Blockchain con creazione di "token" da cedere, a fronte di un corrispettivo, ai soggetti finanziatori.

Il termine Initial Coin Offering è stato evidentemente mutuato da quello di **"Initial Public Offering"** ossia di un'offerta pubblica di strumenti finanziari da parte di un soggetto emittente (*azioni, obbligazioni, etc.*), però, anche sulla base di quanto sopra accennato, in realtà si dovrebbe parlare più correttamente di **"Token Generation Event"**, ossia di un evento di generazione di token, dato che tali token possono rappresentare diritti diversi (o non rappresentarne affatto).

In considerazione della rapida diffusione delle ICO appare necessario tentarne una **ricostruzione in termini giuridici**, dando anche conto di come i vari legislatori sono sinora intervenuti sul fenomeno.

Le prime ICO furono lanciate per raccogliere fondi per nuove criptovalute, ma le attuali ICO vengono usate per qualsiasi scopo. Generalmente, sono venduti dei token per raccogliere denaro, con l'esistenza dei token ed il loro comportamento definiti da algoritmi matematici. A differenza di ciò che avviene nella similare OPA, l'acquisizione dei token non è regolamentata dal governo e potrebbe non garantire la proprietà o altri diritti.

La prima ICO fu fatta nel 2013 per il lancio della criptovaluta Mastercoin. Nel 2014 la criptovaluta Ethereum raccolse denaro con una ICO.[3] Le ICO oggi sono molto famose. Dal maggio 2017[4] vi sono circa 20 offerte al mese e la ICO per un nuovo browser web chiamato Brave ha generato circa 35 milioni di dollari in 30 secondi.[5] Vi sono almeno 18 siti web che tracciano le ICO[6].

La Normativa :

Giurisdizione	Commenti
Australia	ASIC ha emesso una guida nel settembre 2017 stabilendo che la legalità di una ICO dipende da circostanze dettagliate[7]
Canada	Sta lavorando su una normativa per le ICO.[8]
Cina	Il 4 settembre, 2017 7 organizzazioni di normativa finanziaria cinesi bandiscono qualsiasi ICO in Cina, richiedendo che si proceda alla restituzione del denaro agli investitori altrimenti si sarà "severamente puniti a norma di legge"[9][10][11] This action by Chinese regulators resulted in large sell-offs for most cryptocurrencies.[11] Prior to the Chinese ban, ICOs had raised nearly $400 million from about 100,000 Chinese investors.[12] A week later, however, a Chinese financial official stated on Chinese national television that the ban on ICOs is only temporary until ICO regulatory policies are in place.[13]
Corea del Sud	La Financial Services Commission corena ha proibito le ICO nel settembre 2017 e promette "pene severe" per chi le viola.[14][15]
Emirati Arabi Uniti	Lo Abu Dhabi Global Market ha istituito una guida ufficiale sulle ICO ad ottobre 2017.[16]
Francia	Da ottobre 2017, the Autorite des marches financiers (AMF) sta lavorando ad una normativa governativa per l'uso della tecnologia blockchain nelle transazioni di capitali.[17]
Hong Kong	La Securities and Futures Commission ha stabilito nel settembre 2017 che i "token"(le monete) possono costituire titoli ai fini dell'Ordinanza sui "Titoli e Futures", in tal caso, gestire token è un'attività regolare per la legge di Hong Kong.[18]
isola di Man	Sta lavorando ad una normativa per le ICO.[19]
Nuova Zelanda	Nell'ottobre 2017, la Financial Markets Authority (FMA) ha rilasciato delle linee guida sull'attuale ambiente normativo a riguardo delle ICO.
Stati Uniti	Nel luglio 2017 la U.S. Securities and Exchange Commission (SEC) ha indicato che potrebbe avere l'autorità di applicare la legge sulla sicurezza federale sulle ICO[20]. La SEC non stabilisce che tutti i token di blockchain possano essere considerate "securities", ma questo andrà verificato caso per caso[21]. L'azione di SEC potrebbe incoraggiare investitori "mainstream" ad investire in ICO[22] sebbene le iCO di solito scoraggiano gli investitori statunitensi dal partecipare[23]
Svizzera	Sebbene la Svizzera avesse precedentemente una giurisdizione amichevole nei confronti di ICO, la Swiss Financial Market Supervisory Authority ha annunciato nel settembre 2017 un

Un Paese più ospitale per le startup innovative

Rendere l'Italia un Paese più ospitale per le nuove imprese innovative, le startup - siano esse digitali, industriali, artigianali, sociali, legate al commercio o all'agricoltura, o ad altri settori dell'economia -, significa innanzitutto tentare di innescare un'inversione di tendenza in fatto di crescita economica e di occupazione, in particolare giovanile. Ma significa anche spingere affinché il nostro Paese diventi più veloce e dinamico, capace di tornare a scommettere sulle sue energie migliori.

Nel 2012 è stata introdotta nel nostro Paese la definizione di nuova impresa innovativa, la **startup innovativa**: per questo tipo di impresa è stato predisposto un quadro di riferimento a livello nazionale che interviene su materie differenti come la semplificazione amministrativa, il mercato del lavoro, le agevolazioni fiscali, il diritto fallimentare.

La [sezione speciale del Registro delle Imprese dedicata alle startup innovative](), con il report delle società iscritte aggiornato con periodicità settimanale, testimonia che centinaia di imprese sono impegnate attivamente nella creazione di un ecosistema maggiormente favorevole all'attività imprenditoriale.

Una nuova politica industriale per lo sviluppo e la competitività Visione e iter legislativo Le misure qui presentate mirano a promuovere la crescita sostenibile, lo sviluppo tecnologico, l'aggregazione di un ecosistema animato da una nuova cultura imprenditoriale votata all'innovazione e l'occupazione, in particolare giovanile. Inoltre, queste disposizioni mirano favorire una maggiore mobilità sociale, il rafforzamento dei legami tra università e imprese nonché una più forte capacità di attrazione di talenti e capitali esteri nel nostro Paese. Per raggiungere questi obiettivi, dal 2012 il Governo è impegnato nell'elaborazione di una normativa organica volta a favorire la nascita e la crescita dimensionale di nuove imprese innovative ad alto valore tecnologico. Pietra miliare di questa iniziativa è il Decreto Legge 179/2012, noto anche come "Decreto Crescita 2.0", recante "Ulteriori misure urgenti per la crescita del Paese" e convertito dal Parlamento con Legge del 18 dicembre 2012 n. 221. Accogliendo i suggerimenti formulati nel Rapporto Restart, Italia! – elaborato da una task force di 12 esperti istituita nell'aprile del 2012 dal Ministro dello Sviluppo Economico – e emersi dalla consultazione con i principali attori dell'ecosistema imprenditoriale nazionale, il Decreto Crescita 2.0 ha introdotto nell'ordinamento giuridico italiano la definizione di nuova impresa innovativa ad alto valore tecnologico, la startup innovativa. In via del tutto inedita, in favore di questa tipologia di impresa è stato predisposto – senza operare distinzioni settoriali o porre limite Startup innovative: scheda di sintesi Ministero dello Sviluppo Economico - 5 - alcuno legato all'età dell'imprenditore – un vasto corpus normativo (artt. 25-32) che prevede nuovi strumenti e misure di vantaggio che incidono sull'intero ciclo di vita dell'azienda, dall'avvio alla fasi di espansione e maturità. Edificando un'impalcatura normativa conforme alle esigenze di tutti gli attori dell'ecosistema delle startup, il Decreto Crescita 2.0 trascende dal mero esercizio di law-making e assume la valenza di una policy organica e coerente che identifica nell'innovazione una traiettoria cruciale per la politica industriale. Lungi dall'essere statica, la policy sulle startup innovative è stata interessata nell'ultimo quadriennio da diversi interventi di potenziamento: provvedimenti quali il Decreto Legge 28 giugno 2013, n. 76, noto come "Decreto Lavoro", il Decreto Legge 24 gennaio 2015, n. 3, noto come "Investment Compact", e la Legge 11 dicembre 2016, n. 232, meglio nota come Legge di Bilancio 2017, hanno affinato, potenziato e ampliato l'offerta di strumenti agevolativi previsti dal "Decreto Crescita 2.0". Ulteriori misure, non riconducibili al nucleo originario della policy sulle startup innovative, sono poi intervenute ad arricchire il quadro complessivo delle policy per l'imprenditorialità innovativa: un punto di svolta in questo senso è rappresentato dal varo del Piano Nazionale Industria 4.0 (booklet, presentazione in italiano e in inglese). Questo documento si concentra sulle misure dedicate alle startup innovative, ma offre uno scorcio anche sul più vasto panorama delle politiche nazionali per l'innovazione sopra citate. Startup innovative: scheda di sintesi Ministero dello Sviluppo Economico - 6 - Definizioni, regime di pubblicità e monitoraggio La normativa si riferisce specificamente alle startup innovative per evidenziare che le misure non si rivolgono a qualsiasi impresa di nuova costituzione ma soltanto a quelle che operano nel campo dell'innovazione tecnologica. Al di fuori di questa distinzione, non viene tracciata nessuna limitazione di tipo settoriale: la normativa è aperta a tutto il mondo produttivo, dal digitale alla manifattura, dal commercio all'agricoltura. Definizione di startup innovativa: alle misure agevolative possono accedere le società di capitali, costituite anche in forma cooperativa, le cui azioni o quote rappresentative del capitale sociale non sono quotate su un mercato regolamentato o su un sistema multilaterale di negoziazione, e che sono in possesso dei seguenti requisiti: sono di nuova costituzione o comunque sono state costituite da meno di 5 anni (in ogni caso non prima del 18 dicembre 2012); hanno sede principale in Italia, o in altro Paese membro dell'Unione Europea o in Stati aderenti all'accordo sullo Spazio Economico Europeo, purché abbiano una sede produttiva o una filiale in Italia; presentano un valore annuo della produzione inferiore a 5 milioni di euro; non distribuiscono e non hanno distribuito utili; Startup innovative: scheda di sintesi Ministero dello Sviluppo Economico - 7 - hanno come oggetto sociale esclusivo o prevalente lo sviluppo, la produzione e la commercializzazione di prodotti o servizi innovativi ad alto valore tecnologico; non sono costituite da fusione, scissione societaria o a seguito di cessione di azienda o di ramo di azienda; infine, il contenuto innovativo dell'impresa è identificato con il possesso di almeno uno dei tre seguenti criteri: 1. una quota pari al 15% del valore maggiore tra fatturato e costi annui è ascrivibile ad attività di ricerca e sviluppo; 2. la forza lavoro complessiva è costituita per almeno 1/3 da dottorandi, dottori di ricerca o ricercatori, oppure per almeno 2/3 da soci o collaboratori a qualsiasi titolo in possesso di laurea magistrale; 3. l'impresa è titolare, depositaria o licenziataria di un brevetto registrato (privativa industriale) oppure titolare di programma per elaboratore originario registrato.

Blockchain e ICO, 4 startup italiane raccolgono 70 milioni ma fuori dall'Italia

La raccolta fatta da Eidoo, Aidcoin, Friendz e Xriba con le Initial Coin Offer vale quasi quanto gli investimenti di un anno dei venture capital nel nostro ecosistema. Sull'Europa stanno per arrivare tantissimi capitali. Ma l'Italia non è ancora partita. Gli Italiani sì, ma fuori dal loro Paese...

Quattro startup Italiane in meno di sei mesi hanno raccolto 70 milioni di dollari sulla Blockchain grazie alle ICO – Initial Coin Offering. Per fare un paragone, l'intero ecosistema Italiano è riuscito a raccogliere una cifra simile nel 2017 solo sommando angel investor, venture capital e progetti di crowdfunding.

La [Harvard Business School](), in un'analisi di Luca de Angelis, indica l'Italia come il fanalino di coda degli investimenti Europei in startup. I Venture Capital Italiani investono l'equivalente dello 0,002% del PIL. Fanno peggio solo la Romania – che tuttavia è in crescita e Bucarest è la capitale più cablata d'Europa — e la Grecia. In proporzione, la Spagna investe 5 volte più dell'Italia, la Francia 17 volte.

Nonostante i dati frustranti, personalmente resto ottimista. Chi come me segue il mercato Italiano dall'esterno, o attraverso i tanti giovani che vengono a Londra, vede che in Italia stanno crescendo sia gli investitori seri sia la qualità dei giovani imprenditori.

Secondo aspetto positivo, quando l'Italia non investe nei propri imprenditori, le nuove generazioni sono più pronte ad andare a raccogliere fondi all'estero. La maggior parte della mia generazione è andata all'estero a CERCARE lavoro. La generazione più giovane va all'estero per CREARE lavoro, creando aziende tecnologiche (con grande soddisfazione delle agenzie delle entrate dei Paesi che li ospitano, primi tra tutti Londra e Berlino).

Le quattro startup che hanno raccolto sulla Blockchain quasi quanto l'intero sistema Italiano sono **Eidoo** di Natale Ferrara e Thomas Bertani — giusto per nominare il fondatore ed il CEO. Con 28 milioni di dollari raccolti, Eidoo sta creando una piattaforma per la gestione dell'intera filiera delle criptovalute: raccogliere capitali, comprare merci e servizi, transferire e scambiare.

Aidcoin di Francesco Nazari Fusetti, con 15.8 milioni di dollari raccolti, è una piattaforma dedicata all'enorme mercato delle donazioni e del social impact. Aidcoin traccia sulla Blockchain in modo trasparente come sono utilizzate le donazioni a favore di associazioni non profit ma anche di singoli.

Friendz di alessandro Cadoni, Cecilia Nostro e Daniele Scaglia ha raccolto 12 milioni di dollari. La piattaforma permette a chi usa i social media di essere pagato dai grandi brand, e viceversa permette alle grandi aziende di promuovere i propri prodotti in modo diretto.

Xriba di Gianluca Massini Rosati, aprirà le porte al grande pubblico solo a maggio, ma ha già superato i 15 milioni di dollari raccolti da grandi investitori (per trasparenza, chi scrive è uno degli advisor dell'azienda). Xriba ha lanciato una piattaforma per la gestione della tesoreria e la trasparenza degli investimenti, utilizzabile per recuperare la fiducia degli investitori anche nel mercato delle ICO.

Aggiungo come menzione speciale **SingularityNet**, la ICO che ha raccolto 36 milioni di dollari in meno di un giorno. SingularityNet ha lanciato una piattaforma per la creazione e lo sviluppo delle intelligenze artificiali. Seppure il fondatore non sia italiano, una parte importante del team lo è, con Simone Giacomelli a capo del Business Development e Marcello Mari per la comunicazione.

In tutti i casi elencati la maggior parte degli investimenti non arrivano dall'Italia ma al contrario da investitori internazionali. In altre parole, eliminato il blocco della quotazione in borsa in Italia, e spostando la raccolta sulla Blockchain, i progetti italiani sono in grado di raccogliere capitali da tutto il mondo.

ICO, il ritorno agli anni '90
Certo le ICO non sono un mercato senza rischi. Sembra di essere tornati al Nasdaq degli anni '90. Tante frodi e tanti imprenditori onesti ma senza le capacità per realizzare le proprie idee. Proprio come la "bolla di Internet". E tuttavia, proprio da quella bolla sono nate aziende come Google ed Amazon, con ritorni per gli investitori anche del seicento per cento. Molte aziende sono scoppiate, Internet è ancora qui (ed oggi sarebbe impensabile vivere senza).
Finora entrambe le ICO Italiane che hanno quotato i propri token — Eido ed Aidcoin — sono vive e vegete. Il valore dei token è sceso dopo la quotazione, come è prevedibile in questo settore, e sta risalendo. È successo anche a Facebook, le cui azioni sono scese dopo la quotazione, per poi salire a valori importanti, e scendere solo nell'ultimo mese a causa dello scandalo di Cambridge Analytica.

Quando si può definire un'azienda "italiana"?
Sia nel mondo delle startup che delle aziende tradizionali quotate in borsa, si definisce un'azienda "Italiana" quando la sede principale è in Italia o i suoi fondatori sono italiani. Questo vale per tutti i Paesi. Luxottica è definita un'azienda "italiana" anche se è quotata in borsa a New York. Ikea è un'azienda "svedese" anche se la sede legale e fiscale è divisa tra la Svizzera e l'Olanda.
A Londra si dice "Gli elettori votano con le mani, gli imprenditori con i piedi". Quando un paese non è ospitale, gli imprenditori non si lamentano. Si spostano.
Non è sorprendente che nessuna delle quattro ICO abbia sede in Italia. Non parliamo di una semplice sede legale all'estero, ma di fondatori che vivono all'estero, spesso con famiglia, e di interi team di sviluppo che non sono più in Italia.

Adesso non si tratta solamente di concepire lo sviluppo tecnologico come la migliore arma di profitto di questo secolo.

A voi la scelta.

L'Epoca d'Oro dell'Europa è iniziata. Non per l'Italia.

Per l'Europa sta iniziando una epoca d'oro. Centinaia di milioni di dollari da inizio anno, provenienti soprattutto dall'Asia, sono dirottati verso il nostro continente, considerato allo stesso tempo avanzato e amichevole verso le criptovalute. Il Regno Unito con l'Isola di Man, Gibilterra, la Svizzera e Malta sono alcune delle giurisdizioni più importanti nel mondo della Blockchain. L'Estonia, la Slovenia e la Polonia sono un passo indietro negli investimenti, ma altrettanto prestigiose sotto l'aspetto tecnico, che dominano in alcuni settori.
L'Italia non è ancora partita. Eppure molti Italiani sono diventati un punto di riferimento nel settore. La newsletter più seguita — Token Economy — con Stefano Bernardi è per metà Italiana.
Mentre scrivo, il Parlamento cerca di nominare il Governo e di evitare elezioni anticipate. Capisco che gli investimenti esteri e l'innovazione non possono essere una priorità in questo momento. Eppure, in un futuro non troppo lontano, sarebbe interessante richiamare le risorse italiane all'estero. Non per vivere in Italia (io personalmente non lo farei) ma per condividere la propria esperienza con le istituzioni, e stavolta creare davvero delle regole moderne e rivoluzionarie.
L'Italia non ha creato nessun gigante durante il boom di Internet. Durante la più recente esplosione del Fintech le più grandi aziende sono emigrate tutte, soprattutto a Londra. **Il prossimo mercato epocale è la Blockchain. L'Italia non si può permettere di perdere anche questa scommessa. Anche se probabilmente lo farà.**

Bitcoin mining

Uno dei primi concetti molto interessanti per chi per la prima volta entra nel mondo dei Bitcoin è quello del **mining**: è davvero possibile **guadagnare coi Bitcoin** semplicemente "creandoli" dal computer di casa, senza fatica? Cosa significare fare i minatori di Bitcoin, in gergo **minare**?

Il **Bitcoin**, come sappiamo, si appresta ad essere il prossimo grande protagonista nel mondo della finanza. Può essere difficile, per la maggior parte delle persone, capire come esso funzioni. Vi sono parecchi aspetti matematici e numerici coinvolti, cose che generalmente –diciamocelo- non aiutano troppo in termini di comprensione, almeno all'inizio. L'essere però costituito in modo complesso, però, è allo stesso tempo una delle principali ricette del suo successo.

Come sappiamo, Bitcoin è una **valuta digitale**. Le valute richiedono controlli e saldi, convalida e verifica. Normalmente sono i goverrni centrali e le banche coloro che svolgono questi compiti, rendendo difficile falsificare le proprie valute.

La grande differenza con Bitcoin è che è decentralizzata. Se non esiste un governo centrale che lo regolamenti, come possiamo sapere che le transazioni avvengono in maniera corretta?

Se abbiamo appena inviato della valuta, chi lo testimonia? Dove vi è traccia?

La risposta si trova nel **mining**.

Cosa significa Bitcoin mining o minare Bitcoin?

"Mining" è un gergo coniato semplicemente nell'ambito della verifica delle transazioni bitcoin.

I **"miners"** sono tutti gli utenti in giro per il mondo che forniscono la potenza di calcolo del proprio computer con la finalità di certificare la correttezza delle transazioni.

Ogni volta che si effettua una operazione sulla rete bitcoin, che sia un pagamento, un invio o uno spostamento di valuta, una traccia di tale operazione viene rinchiusa all'interno di una ideale scatola protetta da un **lucchetto virtuale**, chiamata "block chain". I miners hanno il compito di eseguire il software utile a scovare la combinazione di quel lucchetto.

Una volta che il computer la trova, la scatola idealmente si apre e le transazioni vengono confermate. Per aver trovato la chiave del lucchetto, il miner ottiene una **ricompensa**(attualmente pari a 12,5 bitcoin) che il sistema genera automaticamente.

Quindi, riassumendo: più operazioni vi sono, più i miners si possono impegnare a certificarne la bontà, sicuri del fatto che il sistema li premierà con una ricompensa particolarmente significativa.

Questa operazione, ovviamente, non è così facile: servono software dedicati e computer **molto potenti**. Si pensi che il numero attuale di tentativi per trovare la chiave corretta si aggira attorno a 13.760.601,24 Th/s , (secondo i dati forniti da **blockchain.info**, uno dei principali siti dedicati alla monitorizzazione delle operazioni di mining) dove th/s sta per trilione di hashes per secondo: un numero **veramente elevato**!

Conviene fare il mining di Bitcoin?

Certo, è possibile, ma -diciamolo subito – date le premesse è diventato incredibilmente **sconveniente**. Eppure, in linea teorica, servirebbero unicamente un pc e un software dedicato: cosa che avveniva nei primissimi tempi di diffusione dei Bitcoin, quando anche da casa si poteva per hobby minare. Chissà quanti ragazzi che per hobby hanno installato i programmi di mining ora hanno centinaia di Bitcoin!

Con il passare dei mesi, però, le operazioni di estrazione dei miners sono diventate sempre più matematicamente complesse, per i conti sempre più incredibilmente difficili.

-
-

-
-

Free Energy :

Tutti vorremmo la Free Energy, qualcuno dice che che è impossibile, qualcuno è riuscito a diventare autosufficiente nel produrre l'energia necessaria per illuminare la propria casa e a far funzionare gli elettrodomestici o le apparecchiature della propria azienda.

Avremmo comunque potuto avere tutta l'energia necessaria al nostro vivere con tutti i comfort che ci vengono forniti dagli elettrodomestici, dal riscaldamento e dall'aria condizionata senza pagare alcuna bolletta a chicchessia.

Tuttavia alcune multinazionali non l'hanno permesso, e tuttora non lo permettono, anche se non potranno farlo per sempre.

La prima trasvolata atlantica, un segreto mai rivelato.

Il 20 maggio e il 21 maggio 1927 Charles Lindbergh compì la prima traversata aerea dell'Oceano Atlantico, in solitario e senza scalo da New York arrivando dopo 38 ore e 8 minuti esatti a Parigi con il suo aereo, lo Spirit of Saint Louis.

Quell'impresa lo fece entrare nella leggenda e gli fece avere prestigiosi riconoscimenti dal presidente Calvin Coolidge che lo nominò colonnello della riserva dell'aviazione degli Stati Uniti. Il governo francese gli concesse invece la Legion d'Onore. Il Time lo consacrò «Man of the Year».

Questo è quello che da bambini leggiamo sui libri di storia nelle sezioni che parlano delle grandi imprese dell'uomo. A chi piace la storia di Lindbergh e cerca di saperne di più scopre che la sua vita fu turbata da un pesante dramma.

Le cronache dell'epoca riportano che nel 1932 gli fu rapito e ucciso il figlio di due anni Charles August. Anche se fu pagato un riscatto, il bambino fu ritrovato privo di vita.

Questo è ciò che quasi tutti conoscono o possono conoscere facilmente, la bellissima avventura e la tragedia che segnò la vita di Lindbergh.

Mancano tuttavia molti particolari che una volta resi noti dimostrano l'intera scena e svelano dei crimini contro i protagonisti dell'umanità.

Il giovane Charles Lindbergh alle 7:22 della mattina del 21 maggio 1927, una domenica, abbracciò e salutò sua madre per intraprendere il viaggio più importante della sua vita.

In realtà era il viaggio più importante per l'aeronautica militare statunitense perché stava per attraversare l'Atlantico da New York a Parigi senza scalo.

Nessuno aveva veramente fiducia in lui perché a quel tempo quell'obiettivo sembrava irreale e impossibile da raggiungere, ma nonostante questo migliaia di persone si radunarono per assistere all'evento.

LindBerg era fiducioso, lui sapeva che poteva farcela e che poteva contare sul suo aeroplano. 33 ore e 8 minuti più tardi Lindbergh arrivò a Parigi dopo un volo di 4000 miglia, diventando il primo uomo che attraversò con successo l'Atlantico in un volo commerciale, senza fermarsi per fare rifornimento.

Alcuni giorni più tardi al momento del suo ritorno negli Usa, la prima persona ad abbracciarlo non fu sua madre, né sua moglie, e nemmeno il presidente degli Stati Uniti Calvin Coolidge che era venuto ad attenderlo personalmente.

Lindbergh si diresse a passo svelto verso un uomo che all'oscuro del pubblico aveva osservato l'andamento dell'intera operazione, e segretamente ne aveva reso possibile il successo. Con le lacrime agli occhi lo abbracciò e disse: "Grazie Lester, non ce l'avrei fatta senza di te".

Lester Hendershot era un inventore "casalingo" uno di quei tipi che inventano cose incredibili nel garage di casa di cui Lindbergh si fidava e rispettava più di qualsiasi altro, e come scoprirai lui era il cervello dietro le quinte.

La traversata era stato un'incredibile successo per gli Stati Uniti e per Charles Lindbergh, ma quell'evento aveva un piccolo segreto fin dall'inizio della missione, di cui solo tre persone ne erano a conoscenza.

I giornali, la televisione, e il pubblico non avevano bisogno di sapere come stavano veramente le cose con l'aeroplano di Lindbergh e perché Lester Hendershot era la chiave dell'intera operazione.

A prima vista tutto sembrava normale con il motore, ma in un compartimento nascosto misero in segreto un'invenzione di Hendershot, **un generatore che poteva ruotare senza carburante per migliaia di ore e che dava un ulteriore quantità di energia** di cui l'aeroplano di Lindbergh aveva bisogno per attraversare i 4000 miglia dell'Atlantico senza fermarsi.

Volevano mantenere il segreto, ma in qualche modo un tecnico che aveva aiutato nel progetto fece trapelare questa informazione a un quotidiano locale.I documenti ufficiali mostrano che l'aeroplano di Lindbergh, Spirit of Saint Luis pesava circa 2060 libbre. Comprenderai che gli aeroplani di allora non erano i capolavori tecnologici di oggi, i loro motori erano grossi e rumorosi e letteralmente divoravano cherosene, ed è per questo che chiunque avesse una conoscenza tecnica di qualche tipo affermava senza esitare che sorvolare l'Atlantico era un sogno impossibile.

Non c'era alcuna possibilità di volare senza scalo per per 4000 miglia sopra l'Atlantico senza un asso nella manica, e quell'asso era l'invenzione di Hendershots: un generatore fenomenale che poteva produrre energia senza fine che a sua volta per funzionare ricavava energia dal nucleo magnetico della Terra.

Un aeroplano come quello di Lindbergh fa mediamente sei miglia con un gallone. La matematica si dice che lo Spirit of Saint Louis avrebbe avuto bisogno di circa 670 galloni per fare 4000 miglia senza fermarsi.. Il peso totale delle aeroplano era di 2060 libbre, e facendo i calcoli appare evidente che sarebbe stato impossibile.

Alla maggior parte delle persone non importavano i particolari e i dettagli, a loro solo interessava stabilire un record, e grazie al generatore miracoloso Lindbergh fece in modo di ottenerlo. I giornali furono contenti, i politici furono contenti, era un momento magico.

Leister Hendershots Radio a valvole di Hendershot alimentata a free energy prodotta dal suo generatore statico.

Ma chi era il misterioso uomo che stava dietro al generatore che ha cambiato la storia dell'aviazione? Chi era Leister Hendershots?

Leister era nato nel 1898, aveva i piedi per terra fin da bambino, ma nello stesso tempo si rivelò essere un genio, genio pratico. Come bambino si dedicava con passione a costruire impressionanti giocattoli di tutti i tipi, quando i suoi coetanei si divertivano semplicemente giocando a nascondino. Lui era davvero differente da qualsiasi altro.

Quando aveva 10 anni prese i pedali della bicicletta di suo padre, li montò su una struttura di legno con quattro ruote. Il carrettino che aveva creato poteva percorrere trecento yarde con una singola rivoluzione dei pedali. Suo padre era sbalordito e lui diventò il bambino più famoso del quartiere. Era ovvio che sarebbe diventato un grande inventore ma nessuno avrebbe potuto immaginare che lui stava per inventare un generatore di "free energy" che avrebbe potuto rendere le persone indipendenti dall'approvvigionamento di energia a pagamento. Iniziò a studiare meccanica alla Cornell University, ma alla fine decise di non continuare fino al completamento dei suoi studi. Si trovava veramente a suo agio fra matasse di fili elettrici, ruote e rottami da cui trarre pezzi per le sue invenzioni, sempre tentando di inventare cose molto semplici e pratiche che avrebbero potuto aiutare altre persone e dare loro una vita migliore.

Passarono gli anni e lui rimaneva sempre lo stesso: lavorava tutto il giorno vivendo nel suo mondo sognando di cambiare il mondo. Molti dicevano che il lavoro per lui era come una droga, ma altre persone diventarono interessati alle sue piccole pratiche invenzioni. Fra queste c'era Charles Lindbergh che viveva nel suo stesso quartiere e sentì parlare di quell'inventore ubriaco di lavoro che costruiva meraviglie con i rottami e un giorno Charles, aviatore ancora sconosciuto, andò a trovarlo e chiese a Lester di fargli una bussola per il suo aeroplano.

Lester fu d'accordo ma dopo il primo volo di prova, mentre stava studiando la bussola, si trovò fra le mani qualcosa che sembrava che potesse generare elettricità dal nulla. Immediatamente Hendershots decise di abbandonare il progetto della bussola e di dirigere tutti i suoi sforzi nella produzione del dispositivo che sembrava potesse produrre **free energy**. Lindbergh non era molto contento dell'idea ma non c'era molto che potesse fare. Hendershots ebbe una intuizione quando realizzò che un'ordinaria bussola magnetica non punta al nord geografico o vero nord, ma punta al nord magnetico e varia in diverso grado dal nord vero verso quasi tutti i punti sulla superficie terrestre.

Scopri che muovendo una barra magnetizzata tagliando la linea di forza magnetica nord e sud, aveva un indicatore del nord vero, e che tagliando il campo magnetico est e ovest, si poteva sviluppare un moto rotatorio: un movimento che avrebbe potuto usare per generare una quantità infinita di elettricità Scoprì che con un nucleo pre-magnetizzato, si poteva istituire un campo magnetizzato che indicava il nord vero, ma ancora non sapeva proprio come utilizzare tutto ciò che aveva realizzato nel generatore che stava progettando di costruire. Hendershot diventò così ossessionato da questa idea che impegno tutto il suo tempo per costruire un generatore che potesse fornire free energy. Però dopo 2 settimane perse l'entusiasmo ed era pronto a rinunciare alla sua idea.

L'incontro che diede nuovo stimolo alla realizzazione della sua idea.

Hendershots decise di partecipare a una mostra chiamata "Inventica" dedicata agli inventori soprattutto dilettanti, solo per schiarirsi le idee e superare la sua delusione.

Tuttto ad un tratto ebbe il piacere di vedere il grande Nikola Tesla davanti ai suoi occhi. Ora vecchio e triste, Tesla, quell'uomo che stato una leggenda era a malapena in grado di muoversi. La luce scintillante nei suoi occhi non c'era più.

Quell'uomo che molti nemmeno notarono era l'ombra del famoso **Tesla**. Tutte le battaglie che aveva avuto con JP Morgan (il più grande investitore di capitale del tempo) avevano lasciato il segno su di lui e e lo avevano fatto finire in bancarotta. E questo lo si poteva facilmente leggere sul suo volto.

Improvvisamente il cuore di Hendershot cominciò a battere forte.

Tesla era il suo mentore segreto fin da quando era ragazzo. Aveva studiato tutti i suoi libri e tutte le sue invenzioni e ora finalmente aveva la possibilità di incontrarlo. Al termine della manifestazione, Hendershot ebbe il coraggio di avvicinarsi al vecchio Tesla. Gli spiegò quanto fosse stato ispirato dalle sue invenzioni e dai suoi libri e gli chiese dei consigli riguardo al generatore per ottenere elettricità senza alcun combustibile. Tesla rimase immobile fissandolo per alcuni secondi e poi rispose: "Mi sono reso conto che la Terra è un generatore elettrico enorme. Se l'umanità potesse sviluppare un cavo di rame abbastanza lungo da circumnavigare la Terra dal polo sud al polo nord e viceversa, si potrebbe utilizzare la potenza generata naturalmente dal campo magnetico terrestre e disporre di energia elettrica sufficiente da illuminare un miliardo di città grandi come New York".

Poi Tesla se ne andò, assorto nei suoi pensieri, come non se nulla fosse successo. Ma quel momento per Hendershot significò moltissimo: fu il momento che scosse il suo mondo. Fu il momento in cui risolse il suo problema.

Immagina la Terra come una dinamo enorme che genera ogni secondo circa 200 miliardi di Volt. Il funzionamento non differisce dalle solite dinamo che ci sono familiari. Persino una dinamo di quelle usate per fornire corrente al fanale della bicicletta funziona con lo stesso principio. L'energia non può essere vista o sentita a meno che non si abbiano gli strumenti giusti. Se si prende un magnete normale e lo si mette vicino a un pezzo di legno non succede nulla. La stessa cosa avviene con il campo magnetico della terra, in un certo senso, non accade nulla. Anche se ogni secondo vengono generati miliardi di volt, senza i dispositivi giusti questa energia è inerte e va sprecata.

Anche se è invisibile e senza fine il campo magnetico della terra può essere visto al Polo Nord nella manifestazione di un'aurora boreale. L'energia del campo magnetico è dello stesso genere di quella del vento che fa navigare le barche a vela anche per mesi senza un motore e di quella del sole che fornisce luce e calore ininterrottamente. E' la stessa che fa muovere le correnti marine in precise direzioni. Questa è stata la scoperta che avrebbe potuto rivoluzionare il mondo e sulla base di questo principio Hendershot ha creato il generatore che è stato inserito all'interno del motore dell'aereo di Lindberg. per aiutarlo a raggiungere distanze prima impensabili -

Avversità incontrate nel cercare di produrre free energy

Dopo che Charles Lindbergh attraversò l'Atlantico e diventò un eroe nazionale Hendershot aveva deciso di rendere pubblico il suo generatore perché voleva davvero aiutare gli altri. Ovviamente, non aveva realizzato che il suo motore era "colpevole" di aver contribuito al successo di Lindbergh.

Lindberg aveva stipulato un accordo di non divulgazione con i suoi sponsor: le compagnie del petrolio e del carbon fossile, che volevano sopprimere quell'invenzione necessaria a compiere all'impresa ma che se realizzata su grande scala avrebbe distrutto i loro imperi basati sul consumo di petrolio e carbone. Un dispositivo che creasse free energy era l'ultima cosa che volevano. Il loro motto era, e tuttora è: "Se è qualcosa a cui non si può mettere un contatore, non la supportiamo".

Alcuni mesi più tardi, l'entusiasmo riguardo alla traversata atlantica iniziò a scemare e la gente smise di parlare del successo di Lindberg,

Hendershot fu finalmente in grado di mostrare il suo generatore al pubblico. Le grandi compagnie non erano certo contente, ma non si riusciva a far cessare la fame di sensazionalismo dei giornali. Gli esperimenti fatti avevano sbaragliato gli scienziati scettici. I primi esperimenti significativi sulla versione del generatore si svolsero presso la base aerea di Selfridge Field, Detroit, sotto la direzione del Maggiore Thomas G. Lanphier. Il generatore sperimentale prodotto a Selfridge era un piccolo modello di quello che sperava che sarebbe stato sviluppato su larga scala per poter generare energia elettrica gratuita a disposizione di tutti i cittadini per le loro case. Hendershot prima mostrò agli alti vertici militari come il suo modello funzionava, poi supervisionò i tecnici dell'esercito nella costruzione di un proprio modello che funzionava alla perfezione. Il Maggiore Lanphier riportò che gli esperti civili di apparecchiature elettriche ai quali era stato mostrato il generatore risero per il modo in cui era stato cablato e affermarono che non avrebbe mai potuto funzionare, ma quando fu alzato l'interruttore, il motore funzionò. Il Maggiore Lanphier dopo le varie sperimentazioni, riportando i risultati ai giornalisti commentò: "Il tutto è così misterioso e sorprendente che ha l'aspetto di essere un falso. Ero estremamente scettico quando ho visto il primo modello, ma ho aiutato a costruire il secondo e ho partecipato all'avvolgimento del magnete. Posso affermare con certezza che non c'è nulla di falso in questa apparecchiatura che possiamo definire "Motore senza combustibile". Questo piccolo generatore sperimentale può fornire potenza sufficiente a uccidere un uomo".

L'esperimento di Selfridge Field, innescò una serie di notizie sulla stampa nazionale. Apparvero notizie con titoli a lettere cubitali in giornali come il Detroit Free Press, Detroit News, Detroit Times, vari giornali di Pittsburgh, il New York Times, e molti altri. La maggior parte con titoli come "Il motore miracolo" e le immagini del Maggiore Lanphier, il Colonnello Lindbergh e Hendershot. Per le multinazionali dell'energia fu un duro colpo. Non potevano credere ai loro occhi, il generatore che avevano cercato così disperatamente di nascondere era ora stato presentato al pubblico. Dovevano fare qualcosa. Mandarono quindi il più affermato dei loro esperti, il dottor Hochstetter del Hochstetter Research Laboratories per dimostrare che il generatore non funzionava affatto e per trovare un modo per far apparire ridicolo il suo inventore. Scettico come era, l'esperto vide l'invenzione con i propri occhi e constatò che stava funzionando. Tentò per mesi e mesi di distruggere Hendershot mentre i suoi capi facevano pressione perché trovasse qualcosa per fermare questo inventore, altrimenti avrebbe rovinato i loro business. Hochstetter si confidò con i suoi collaboratori al suo laboratorio: "I rappresentanti delle multinazionali continuavano a dirmi: Distruggilo!, ma non riesco a trovare nulla". Ben presto ne ebbe abbastanza di tutte le pressioni e declinò l'incarico dichiarando:" Permetterò che il mondo intero abbia tutte le informazioni su questa sorprendente invenzione",

Alcuni giorni dopo morì in un incidente ferroviario su un treno che lo portava in Ohio, il luogo dove voleva fare il grande annuncio. Fu l'unico passeggero a bordo del treno che perse la vita. Improvvisamente, così come tutto era cominciato, la pubblicità e il sensazionalismo del motore Hendershot cessarono. L'ultima notizia a riguardo risale al 10 marzo 1928, quando apparve sulla maggior parte dei giornali un piccolo trafiletto che diceva che Lester Hendershot era stato ricoverato all'Emergency Hospital di Washington a seguito di un incidente in cui era rimasto paralizzato a causa di una scossa di 2000 volt, scaturita da una macchina che conosceva alla perfezione, avendoci lavorato per diversi anni. In realtà la scossa era da 220 volts e solo le sue corde vocali erano state paralizzate, e si riprese dopo qualche settimana. Tuttavia Hendershot non ha mai spiegato cosa era effettivamente successo.

E' certo comunque che fu sottoposto a minacce per tutta la vita.

Una delle offerte più incoraggianti arrivò nel settembre del 1956, quando Hendershot ricevette la notizia che i funzionari del governo messicano volevano incontrarsi con lui e discutere la possibilità di utilizzare il suo generatore per il programma di sviluppo rurale in Messico. I funzionari del governo messicano andarono a casa di Hendershot e presero accordi perché andasse a Città del Messico con tutta la famiglia collaborando con i tecnici messicani alla costruzione del generatore.

Hendershot e i suoi famigliari furono alloggiati in un appartamento vicino alla casa del direttore del dipartimento dell'energia elettrica. Hendershot supervisionò i messicani nella costruzione di un modello. Lavorava al progetto da diverse settimane e la moglie notò che diventava sempre più teso.

Una mattina di febbraio del 1957, il laboratorio telefonò dove abitava chiedendo di lui e la moglie disse che era uscito al mattino di buon ora per recarsi al lavoro, e se lui non era al laboratorio, non aveva idea di dove potesse essere. Passò l'intera giornata senza che si sapesse nulla di lui.

Quella notte non venne a casa, con grande sconcerto dei famigliari, fino al mattino quando ricevettero un telegramma da Los Angeles nel quale Hendershot chiedeva ai famigliari di ritornare a casa. Non spiegò mai mai perché era stato costretto a lasciare tutto così improvvisamente in circostanze strane, tranne che temeva per la sua vita e soprattutto dei suoi famigliari.

Il governo messicano non presentò alcun genere di lamentela o protesta, semplicemente il progetto fu abbandonato.

Il 19 aprile 1961, il figlio, ritornato a casa da scuola, lo trovò morto. La morte fu registrata come suicidio e il caso archiviato senza alcuna ulteriore investigazione.

Nel corso degli anni moltissimi scienziati hanno esaminato la sua scoperta, e ancor oggi, dopo 84 anni non sono in grado di spiegare pienamente l'invenzione. Pochi giorni prima che Hendershot morisse le grandi compagnie del petrolio e del carbone che lo avevano molestato per tutta la vita erano riuscite ad acquisire da lui i brevetti per 25.000 dollari, per assicurarsi che nessuno mai potesse avere accesso ai piani e costruisse il generatore.

Oggi comunque è possibile trovare piani per la costruzione del generatore, seppure manchino informazioni particolareggiate su come fare gli avvolgimenti elettrici, E il brevetto non impedisce la costruzione di un generatore per uso personale.

Un particolare mai emerso... Le informazioni riportate fino ad ora sono di dominio pubblico, i fatti riguardanti il volo di Lindberg con un motore costruito da Hendershot sono ripudiati dalle autorità e dagli organi ufficiali del mainstream, anche se riportati dai mass media dell'epoca.

Del rapimento di Baby Lindbergh fu accusato Bruno Hauptmann, un immigrato tedesco, carpentiere ed ex detenuto. Malgrado si fosse sempre proclamato innocente, Hauptmann venne giustiziato.Nel dicembre del 1935 i Lindbergh si trasferirono in Europa con i loro due bambini piccoli fino al loro ritorno nel 1939, ufficialmente per difendere la propria privacy.Pare che anche Lindberg volesse partecipare alla diffusione del generatore di Hendershot. Il rapimento del figlio fu un monito a non persistere nell'intento di promuovere il generatore?Il trasferimento in Europa non fu piuttosto un esilio volontario a dimostrazione di aver abbandonato ogni forma di pubblicità del generatore di free energy?Tornando ad oggi la Free Energy racchiude tutte quelle forme di energia "alternative", che si vanno a sostituire alle forme di energia inquinanti (combustibili fossi e fissione nucleare) e "convivere" con il già presente alternativo (solare ed eolico).

trattasi di generatori di energia a basso costo di costruzione, che usano Fonti di Energia Pulita ed Infinita.

In alcuni di questi dispositivi (come motori magnetici, e sfruttanti la Zero Point Energy) alcune delle "leggi" della fisica classica non vengono rispettate, causa principale del disinteressamento da parte della maggior parte della Comunità Scientifica e della Scienza Ufficiale. Nonostante ciò, grazie alla Fisica Quantistica ed alla scoperta del Campo del Punto Zero, (un campo di energia infinita con cui le particelle scambiano continuamente energia), si può ridar voce alle vecchie leggi, ma con qualche rivisitazione ;)

Comunque (piccola nota: La Scienza non è una Fede, non è Dogmatica, è un continuo Scoprire ed Aggiornarsi. Lo sbaglio che la "scienza ufficiale" sta facendo adesso è proprio quello di vedere la Scienza come una Religione)

Tutti i dispositivi "Free Energy" sono degli OverUnity: immettendo un in-put di Energia nel dispositivo (pari ad 1), il sistema eroga un out-put maggiore (appunto Over (>) Unity (1))

La maggior parte dei dispositivi sfrutta Magneti Permanenti, cercando di dare origine ad un Moto Perpetuo (un moto ad Accellerazione Continua) che può essere trasformato con degli alternatori in Energia Elettrica.

Forse il Più famoso di questi Dispositivi è il Motore Magnetico Perendev.

Il Perendev, è composto da uno Statore ed un Rotore, il primo composto dalla struttura di supporto, a cui vengono agganciate le "ganasce" (due semicirconferenze in cui sono disposti i magneti), in cui è disposto l'alloggiamento per il rotore.

Il secondo è composto da tre dischi, forati, per permettere l'alloggiamento dei magneti schermati al Bismuto, disposti con un angolatura di circa 35° rispetto la tangente al disco.

Ricordo a tutti, che l'Energia dei Magneti è Infinita, perchè il Magnetismo è una Proprietà della Materia (o meglio: L'Elettromagnetismo)

quindi:

Il campo magnetico di un magnete è generato dalle correnti elettriche degli elettroni che si muovono negli orbitali dei propri atomi all'interno del magnete. Un circuito elettrico genera un campo magnetico perpendicolare ad esso, quindi ogni atomo può essere considerato come un piccolo circuito elettrico chiuso, che genera un piccolo campo magnetico. I materiali non magnetici sono tali perchè la risultante delle forze è pari a zero, mentre in elementi come il ferro, questo può non avvenire perchè gli atomi "ruotano" cambiando la direzione del loro campo magnetico :D

Quindi Materia = Energia ;)

Secondo mie personali ricerche (confermate dal lavoro e l'intuizione di altri ricercatori), il numero di magneti è importantissimo, sopratutto per il fatto che nel rotore, o nello statore, ci debba essere un numero DISPARI di magneti. Questo perchè altrimenti la coppia costituita da due magneti disposti sullo stesso diametro (uno ad un estremità e uno all'altra), avrebbero forza uguale a zero, perchè le forze si annullano, sopratutto se il numero di magneti sul Rotore è uguale al numero di magneti sullo Statore.L'utilizzo del Bismuto è indispensabile per il funzionamento del Perendev, che è in grado di "annullare", i "muri magnetici di contrasto" (formato dal polo opposto del magnete), che si vengono a creare fra un magnete e l'altro, impedendo quindi la corretta rotazione del rotore, frenandolo.

L'utilizzo di un materiale di questo tipo, come il bismuto, la grafite pirolitica, mumetal (disposti nella lista in ordine di prezzo crescente), aumenta notevolmente il costo di un apparecchiatura del genere, dato che questi sono materiali dalla scarsa reperibilità in commercio (nonostate il bismuto sia conosciuto da 200 anni, e presente come "metallo di scarto" in tutte le miniere di estrazioni dei metalli).

Al contrario del rotore, nelle "ganasce" sono presenti solo magneti, disposti "consecutivamente" ai magneti del rotore (cioè anche loro con un angolazione di 35° rispetto alla tangente del rotore), in modo che le superfici di "contrasto" dei magneti siano Parallele.Per la Raccolta di Energia, si usa normalmente un alternatore montato sull'asse del rotore.Da Osservazioni giuntemi, questo sistema sarebbe in grado di avere una CONTINUA ACCELLERAZIONE fino a 50.000 giri/minuto, ovviamente, le capacità di ogni dispositivo dipendono da:

- Materiale Utilizzato per la Costruzione della Struttura (rotore compreso)

- Numero di Magneti

- Peso della Struttura

Nel Rotore i tre dischi non sono "allineati" rispetto ai fori per l'alloggiamento dei magneti, sono "sfasati", in modo che, ogni disco, riporti l'altro nella posizione iniziale e lo continui a far girare. Un pò come avviene nel motore a scoppio, in cui ogni pistone quando viene spinto dal gas della combustione, si abbassa, portandone un altro in alto.

<u>Un dispositivo del genere può costare qualche migliaio di eurose costruito perfettamente e con materiali molto resistenti. Nonostante gli alti costi, questo dispositivo è in grado di produrre anche 20kw/h e forse anche di più =)</u>

Fatto stà che se non controllato, rischia di autodistruggersi (per l'elevatissima velocità che può raggiungere), infatti servono degli elettomagneti, alimentati con l'energia di out-put del generatore, in grado di "frenare" il rotore o semplicemente portarlo a <u>**velocità costante**</u>.

Nikola Tesla

Era un genio multidisciplinare. La sua scoperta del campo magnetico rotante nel 1882 portò a una serie di brevetti statunitensi nel 1888, che ci fornì il sistema di alimentazione elettrica AC ancora in uso oggi. Questo risultato gli valse l'onore di essere chiamato "L'uomo che inventò il XX secolo".

Ma la sua ricerca è andata ben al di là di ciò che ha trovato la sua strada nell'uso quotidiano. È l'inventore riconosciuto del motore a induzione CA senza spazzole, della radio, del telecomando per radio, della super-conduttività, dell'illuminazione fluorescente, del motore a turbina senza pale e della pompa, del sistema di accensione a scarica di condensatori per motori di automobili, dell'oscillatore meccanico e dozzine di altri invenzioni. Ma scoprì anche che l'energia utile poteva essere estratta dal calore dell'aria ambiente, e che l'energia elettrica sotto forma di Energia Radiante poteva essere trasmessa a tutti nel mondo attraverso il suolo.

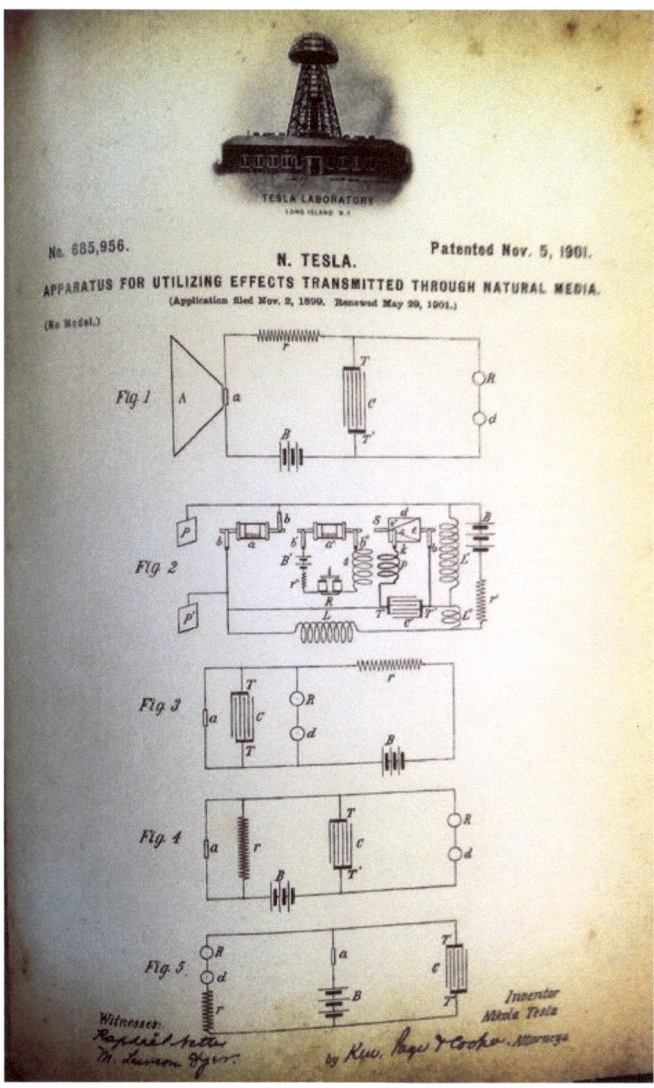

Nel suo magistrale articolo The Problem of Increasing Human Energy , pubblicato per la prima volta su Century Illustrated Magazine nel giugno 1900, Tesla parla della "situazione energetica" come mai prima d'ora. Dopo aver discusso su ogni metodo conosciuto di raccolta di energia dal Mondo Naturale, Tesla parte nell'ignoto. La sua prima discussione riguarda una macchina in grado di raccogliere calore dall'aria ambientale. Lo definisce un "Self-acting Engine" in quanto potrebbe funzionare indefinitamente dall'energia solare immagazzinata nell'aria. Lo ha definito "il modo ideale per ottenere il potere del motore".

Tesla ha lavorato per anni cercando di risolvere tutti i problemi tecnici presentati dall'idea. Il suo lavoro con l'aria liquefatta, la sua scoperta della super-conduttività alle temperature ultra-basse, la sua turbina senza lama e l'oscillatore meccanico erano tutti spin-off del suo lavoro sul motore ad aria ambientale. Era convinto che il sistema potesse funzionare e che fosse assolutamente il modo migliore per sfruttare l'energia solare.

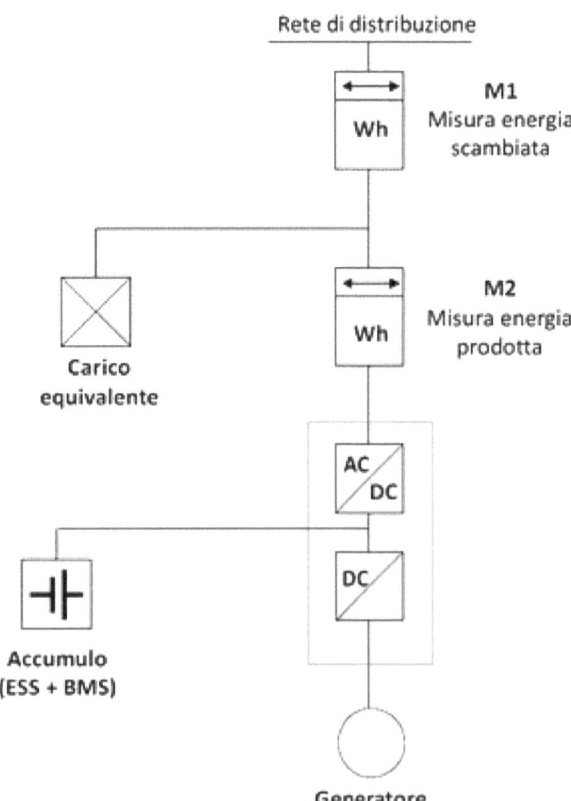

In un mondo che si sta riscaldando, sfruttare le fonti ambientali di calore nell'aria, nell'acqua e nel terreno sono le tecnologie più importanti da sviluppare in questo momento. Per un'esposizione approfondita sull'incredibile "Self-acting Engine" di Tesla.

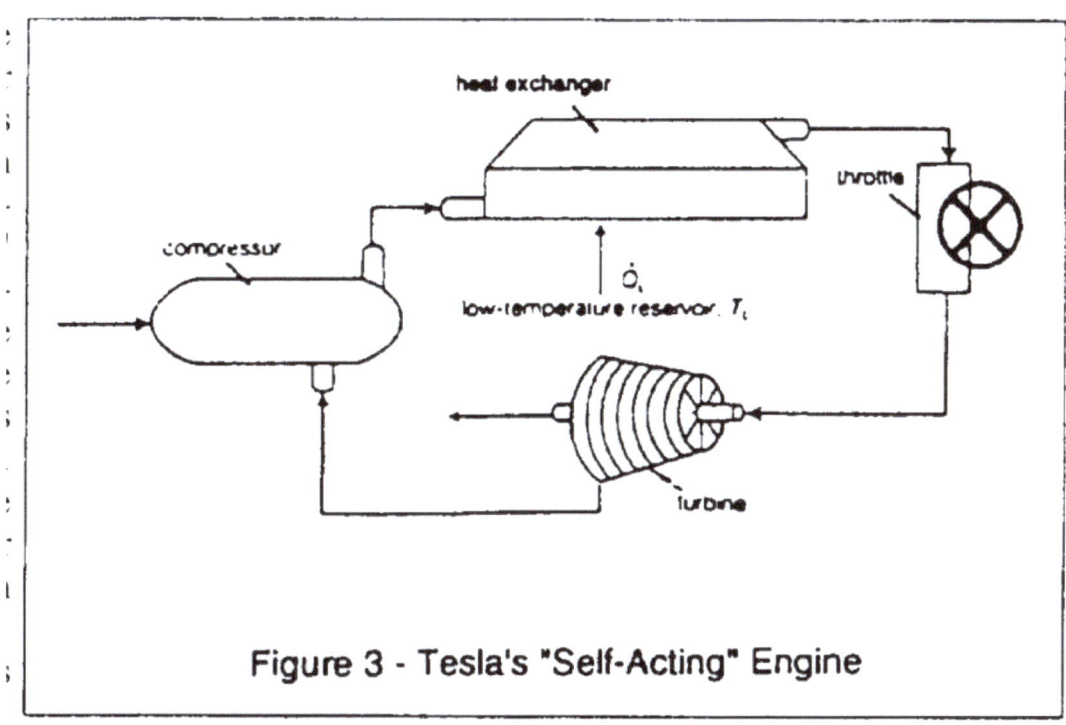

Figure 3 - Tesla's "Self-Acting" Engine

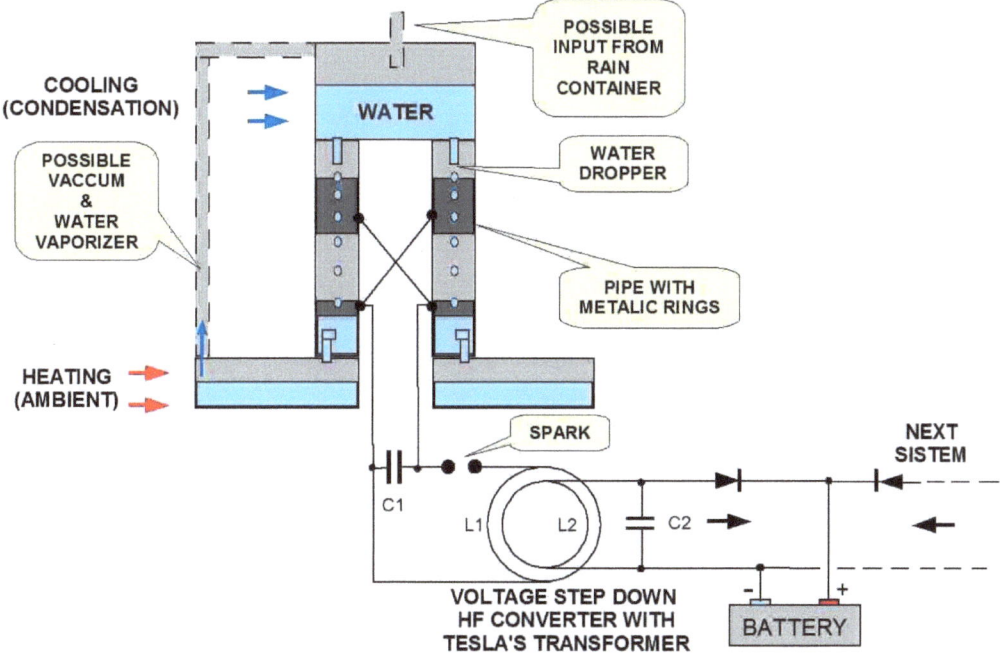

ENERGY FROM SPACE (RAIN) WITH KELVIN DROPPER:

Ma il più famoso tentativo di Nikola Tesla di fornire a tutti nel mondo energia libera era il suo World Power System, un metodo per trasmettere energia elettrica senza fili, attraverso il terreno. La sua Wardenclyffe Tower, nella foto sopra, non è mai stata completata, ma il suo sogno di fornire energia a tutti i punti del globo è ancora vivo oggi.

Tesla lasciò Colorado Springs il 7 Gennaio 1900, ma iniziò la costruzione di un'infrastruttura per la trasmissione di potenza senza fili nota come Torre Wardenclyffe a Long Island (New York), operativa nel giugno 1902

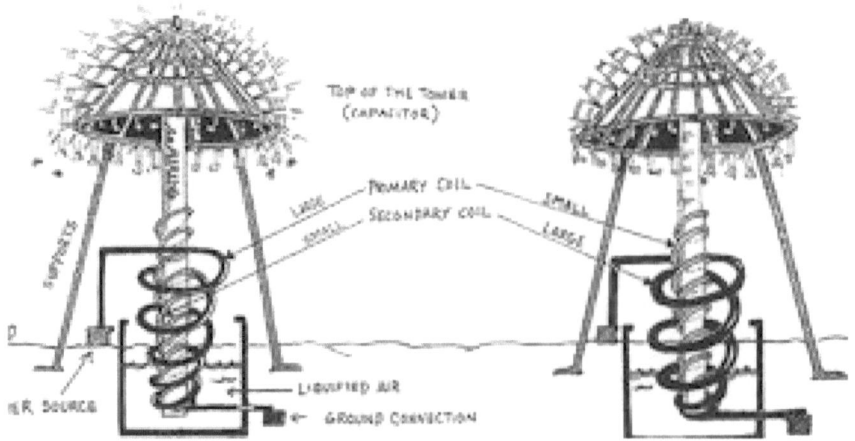

Invenzioni e scoperte

Negli anni di Budapest apportò agli apparecchi telefonici importanti modifiche migliorative come ad esempio l'invenzione e l'introduzione di un amplificatore.

Nello stesso periodo concepì l'idea di usare un campo magnetico rotante per alimentare un motore elettrico

A New York gli furono affidate mansioni impegnative, tra cui la progettazione di un nuovo generatore di corrente continua

Progettò, senza ricompensa, un sistema d'illuminazione ad arco - basata su scintille elettriche tra due elettrodi

Nel 1887, in un piccolo laboratorio indipendente poco distante dall'ufficio di Edison, Tesla mise a punto tutte le componenti del sistema per la generazione e l'utilizzo delle correnti alternate. La Westinghouse Electric Company entrò in concorrenza diretta con Edison

Nel 1893, l'Esposizione colombiana di Chicago (World's Fair Colombian Exposition) rappresentò la prima occasione per il progetto di Tesla di essere applicato su larga scala

Nel 1895, Tesla diede una spettacolare dimostrazione della nuova tecnologia costruendo una centrale idroelettrica alle cascate del Niagara ,Mentre sperimentava la sua bobina, Tesla andò molto vicino alla scoperta dei raggi X.

Il modello di turbina senza pale fu proposto da Tesla pensando di utilizzare il vapore (forze viscose) per trascinare una serie di dischi facendoli ruotare e fu brevettato negli USA nel 1909. la turbina fu brevettata ma non trovò finanziatori.Il tesla, l'unità di misura dell'induzione magnetica.

Un campo magnetico ha intensità di 1 T quando esercita una forza di 1 N su un filo lungo 1 m disposto perpendicolarmente alla direzione del campo e percorso dalla corrente elettrica di 1 A.

L'energia libera

La grande intuizione di Tesla fu quella di sfruttare l'energia libera della Terra

La grande intuizione di Tesla fu quella di sfruttare l'energia libera della Terra — Fonte: Istock

L'"energia libera" di Nikola TeslaIl lavoro di Tesla sul campo magnetico rotante e sulla corrente alternata diede un fondamentale contributo per l'elettrificazione del mondo intero. Tuttavia il suo nome viene molto più spesso e comunemente associato, piuttosto che alle sue invenzioni rivoluzionarie, al concetto di energia libera. Secondo Tesla, questa "nuova" energia era illimitata, poteva essere estratta dall'ambiente a costo zero, trasmessa ovunque e "ricevuta" con una semplice antenna. Tali affermazioni suscitarono ovviamente interesse e curiosità. Tesla intendeva usare la Torre Wardenclyffe per trasmettere grandi potenze elettriche sfruttando la risonanza naturale della Terra. J.P. Morgan sospende i finanziamenti: la fine del sogno di Nikola TeslaQuest'ultima fungeva in pratica da conduttore per trasmettere potenza e comunicazioni senza cavi mediante un trasmettitore di amplificazione. Nel 1903, dopo aver appreso il vero obiettivo di Tesla, il finanziatore J.P. Morgan decise di sospendere i finanziamenti economici. La Torre Wardenclyffe venne smantellata e considerata dalla stampa come "la follia di Tesla da un milione di dollari". Da quel momento Tesla non ebbe mai più una possibilità concreta di trasmettere energia libera al mondo.

Tesla Oggi...

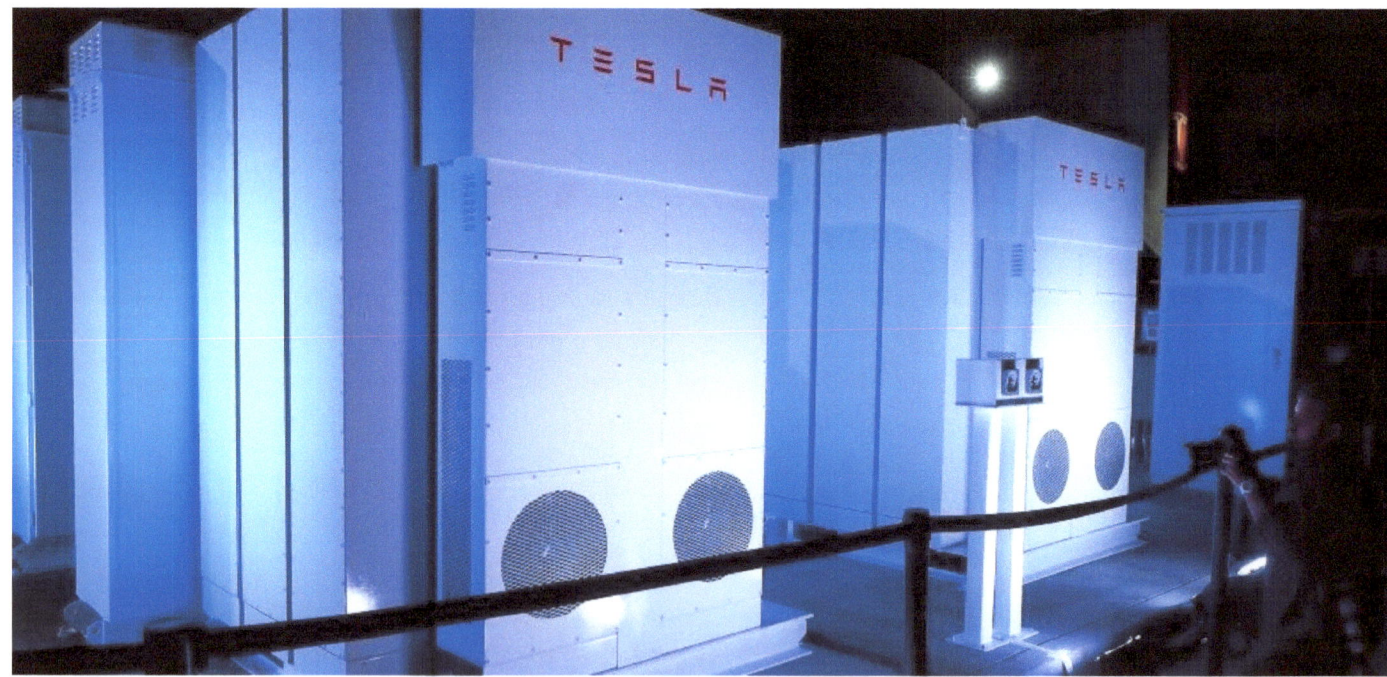

Tesla tramite Candace lettera in prima persona.

26 Maggio 2008

Cari lettori di AbundantHope, IO SONO Nicola Tesla. Ho vissuto una volta nel vostro luogo e vi ho portato ogni sorta di conoscenza avanzata che avrebbe consentito al mondo di essere illuminato, letteralmente, ed avere comunicazioni globali. Ho portato una semplice tecnologia per raccogliere l'elettricità naturale sul vostro piano e guidare i motori con essa. Ho anche portato una tecnologia che, se usata correttamente, avrebbe fornito meravigliosi sistemi di difesa, e quindi se impiegata a tal fine, avrebbe potuto porre fine alle guerre sul piano terrestre. Vi ho anche dato ciò che viene chiamato il Raggio della Morte, ma il suo scopo non era la morte.

Molto di quanto ho donato alla terra è stato rubato dagli scienziati oscuri e da altri, ed è stato sviluppato per usi malvagi. Tutta la tecnologia cari miei, può essere usata per il bene o per il male, dipende solo dalle mani in cui cade.

Voi ora finalmente avete la tecnologia senza fili che io avevo visionato. Io avevo pensato un giorno che voi avreste tenuto nelle vostre mani un piccolo dispositivo per collegarvi col mondo. Voi lo fate ora, coi vostri telefoni cellulari e le loro modificazioni.

Cari, lo sbaglio peggiore che i vostri governanti oscuri fecero, è stato di diffondere nelle vostre città l'energia elettrica tramite i cavi. Questo è uno spreco enorme, perché il segnale viene ridotto dal cavo, e questo infatti ha prodotto segnali elettrici che possono e fanno del male a voi, a causa della intensità richiesta. Ci sono trasformatori ovunque sul pianeta, e coloro che vivono attorno ad essi fanno un'esperienza per niente salutare.

Il mio sistema avrebbe inviato l'energia elettrica attraverso la ionosfera, dove non avvengono perdite, ed è facile attingervi da parte dei richiedenti dai singoli edifici. Poi il segnale viene portato attraverso l'aria nella costruzione da illuminare, tubi vuoti in realtà che sarebbero stati illuminati. Le vostre lampadine ad incandescenza e le lampade a fluorescenza non sono ciò che avevo pensato per voi.

Questi dispositivi di luce con la resistenza per la maggior parte, eccetto le fluorescenti, lavorano in modo un po' diverso. Per accendere le lampadine ordinarie ci vuole un cavo, che è naturalmente collegato all'impianto elettrico della casa. Molto viene perso in questo processo. E le lampadine sotto cui vi sedete, illuminate in questo modo, emettono un flusso di energia che non va davvero bene per voi. Il tubo vuoto luminoso è completamente sicuro.

La gran parte della gente sulla terra oggi crede che per generare elettricità deve essere usato il carburante. Pensano che l'elettricità derivi dal carburante. Non è così. L'elettricità semplicemente è. Esiste ovunque. E' un flusso di elettroni. I vostri corpi astrali sono costituiti da elettroni. Gli elettroni esistono ovunque. Devono solo essere canalizzati o diretti dove volete che vadano e facciano il lavoro per voi.

Ciò che i vostri impianti alimentati a carbone o a gas fanno, è far girare il rotore del generatore. Niente di più e niente di meno. Voi avete già l'energia libera: non è il vento che fa girare i rotori per i generatori a vento? E l'acqua dalle vostre dighe? NON viene usato combustibile in questi casi, cari miei, NESSUNO, tuttavia voi pensate che occorre avere del carburante per far girare le cose. Non avete nemmeno bisogno del combustibile nucleare.

Gli elettroni non vanno perduti, mai. Ciò che è usato come elettricità semplicemente dopo l'uso ritorna all'ambiente per essere usato di nuovo.

Vi avevo portato un generatore di elettricità che avrebbe funzionato in modo perpetuo. Il suo progetto produce un eccesso di elettricità, e tutto ciò che dovete fare cari, è semplicemente catturarla e usarla per far funzionare la macchina che fa girare il rotore del generatore. Tutti avete un alternatore nella vostra auto. Esso NON usa il gasolio del vostro motore per produrre l'elettricità che è immagazzinata nella batteria.

Le vostre auto non hanno esattamente bisogno di carburante. In California abbiamo visto una macchina elettrica molto bella che è stata sviluppata e testata e amata dalla gente. C'era solo un problema; doveva essere collegata alla spina. Ora, cari miei, non possono le ruote di quella macchina far girare il rotore di un generatore? O di fatto, come sopra, se il sistema è stato creato correttamente, le ruote non hanno bisogno di far girare il rotore, ma è una semplice idea di utilizzazione delle ruote. Quindi è molto semplice. E ancora vivete su un pianeta altamente inquinato dall'uso di carburanti fossili.

Non avete bisogno di usare alcun carburante fossile in nessun caso. Vi ho dato anche la tecnologia del cosiddetto "raggio della morte" e la scienza relativa per generare un calore più che sufficiente per lavorare l'acciaio che vi occorre per quell'auto. E la storia continua.

Potete facilmente creare un dispositivo, dal momento che avete l'impianto elettrico nei vostri edifici, che deriva dalla bobina di Tesla. Il mio sistema crea una scintilla, e la scintilla può essere "catturata" e portata all'impianto esistente. Ma a tempo debito, quando entrerete nella Monopolarità, l'impianto elettrico non servirà più. Non è coerente col pianeta monopolare. Perciò le nuove costruzioni dovranno essere fatte in modo diverso, ed i vecchi fabbricati dovranno avere inserita la nuova tecnologia, perché la potete creare, e fornire ciò che è necessario.

Nel caso di nuove costruzioni, sarebbe consigliabile costruire grandi bobine di Tesla e "irradiare" l'energia attraverso la ionosfera. Comunque, la bobina piccola può essere anche usata per "irradiarla" direttamente nell'edificio. E' pure efficace. Infatti, con le vostre costruzioni più vecchie, questo è ciò che dovreste fare. Prima potete connettere solo la scintilla all'impianto elettrico della casa, e poi sistemare l'edificio coi necessari ricevitori e gli altri equipaggiamenti per prendere il segnale ed erogarlo.

La bobina di Tesla, cari miei, è monopolare. Allora l'ho chiamata unipolare. Vedete cari, l'elettricità non è compresa. Gli elettroni SONO. Non hanno né carica positiva né carica negativa, e questo è grandemente fralinteso dai vostri scienziati. Non c'è elettricità negativa o elettricità positiva. Essa semplicemente è, né più né meno.

Un altro metodo per illuminare una casa o una piccola area, comporta l'aggiunta di certi cristalli ad una base speciale per la pittura delle vostre pareti. Con una piccola quantità di calore, queste brilleranno ed illumineranno la vostra stanza con una bella luce soffusa. Non abbastanza luminosa per leggere, ma abbastanza per goderne e muoversi in essa. Fondamentalmente una pompa di calore fornirà il calore per questo, la notte. Ci vuole poco per provocare la luminosità.

Oh miei cari, avete così tanto da imparare, e così tanto vi è stato nascosto! E' tempo che il popolo della terra si erga contro il mostro.

Vi diedi anche un dispositivo semplice, la dinamo, e voi in America non state usando nemmeno quella nelle vostre biciclette. E' stato in un certo tempo. Questo dispositivo viene messo nel mozzo della ruota e genera elettricità, normalmente solo per la luce. Non pensate cari miei, che la dinamo potrebbe anche dare energia alla bicicletta per voi? Si, potrebbe. Avreste solo bisogno di far girare le ruote, ma la dinamo potrebbe aiutarvi a guidare la bicicletta con molto meno fatica. Peserebbe un po' di più, ma questo inconveniente sarebbe superato dall'energia rilasciata che richiederà minor sforzo per pedalare. Io consiglio fortemente agli ingegneri di questo pianeta di prendere in considerazione l'aggiunta di una dinamo efficace alle biciclette, perché questo è il sistema più veloce per avere un aiuto quando ci sarà carenza di energia nel lasso di tempo in cui dovrete rifare le vostre auto.

Possono le vostre auto essere rimodellate per farle funzionare con la bobina di Tesla? No. NON queste, ma possono essere convertite usando una bobina Tesla per pompare aria compressa o acqua nei pistoni. Questo sarà costoso, e la bobina non è ancora in produzione per attuarlo. Altrimenti potrete cercare di rimuovere il motore e sostituirlo. Potreste anche iniziare con una nuova auto e riciclare la vecchia, il che sarebbe comunque costoso.

Ora vorrei aggiungere un po' di commenti interessanti su di me. Io non sono "morto". Ho lasciato questo piano e sono entrato nella terra interiore. Sono stato sottoposto ad un processo di ringiovanimento e trasformazione in un corpo di 4D rigenerato, perché era mia intenzione tornare ancora una volta su questo piano, completamente come me stesso. Sembro ancora un po' anziano, così assomiglio alle mie foto, più o meno. Ma tornerò ancora su questo piano, e darò assistenza agli scienziati e al pubblico sulla verità di tutto, attraverso la scienza e la mia storia delle tribolazioni che mi hanno afflitto tanto tempo fa.

Una volta che ero stato "controllato" non avrei più potuto partecipare alla illuminazione della terra; ho vissuto semplicemente in modo solitario ed ho trascorso i miei giorni in infinite comunicazioni con lo "spirito", come voi lo chiamereste ora. Noi decidemmo che io avrei dovuto lasciare questo piano per ritornare in un momento in cui il pianeta fosse pronto a ricevere, e così sarà. Ci fu una falsa sepoltura. Pochi sapevano che avrei fatto questo, ed è stato meglio fare una sepoltura a quel tempo, piuttosto che semplicemente scomparire. Da allora risiedo nella terra interiore. Occasionalmente faccio del lavoro con degli scienziati sul piano terrestre, dando loro le necessarie informazioni, ma finora non è stato consentito di sviluppare l'auto elettrica, e una piccola scatola, dalle dimensioni al massimo di un condizionatore, per l'elettrificazione degli attuali edifici. Così sia.

Ma vorrei aggiungere un commento di passaggio: voi avete già ricevuto la tecnologia per energizzare il treno monorotaia ad alta velocità, anche senza consumo di carburante. Pensate a ciò che avete perso. Ma non è stato perso dagli scienziati oscuri, che stanno usando ciò che io ho portato nello loro aree sotterranee. Voi avete questi treni ad alta velocità in diversi continenti ora, e potranno essere usati dopo i cambiamenti in arrivo, a meno che vengano in qualche modo danneggiati. Molti dovrebbero funzionare. E gli oscuri hanno attrezzato qualche bella zona che la gente di superficie potrebbe anche usare, con una buona autonomia per la loro sopravvivenza. Loro non le potranno usare comunque, perché verranno rimossi. Voi potete, e ciò aiuterà ad alleviare alcuni problemi di sovrappopolazione in questo momento.

Io sono Tesla, Buona Giornata.

Presa coscienza di tutti i fattori e degli studi presi in esame fino ad ora ...Possiamo constatare che ...

Associando ...

La Tecnologia blockchain per minare criptovalute (Ico) Tramite Gpu o Asic h24 , quindi un sistema che ha bisogno di un enorme quantita di energia , per far si che la Farm , a pieno regime, compia i calcoli necessari a risolvere i blocchi , generando cosi le transazioni utili ad ottenere le Coin;

Alla Free Energy ossia energia libera , Si avrà la possibilità di ridurre fino a zero i costi per la produzione di monete digitali , generare transazioni, creare valore ,quindi denaro.

Prendiamo in esame le migliori startup all'avanguardia che fanno da scia nel 2018 per realizzare una banca digitale ecosostenibile sono :

- **Infinity Saw (Free Energy)**

- **Bioinvestement (MINING SOSTENIBILE + Equity Cowfounding)**

- **Nova mining (Mining ecosostenibile-Delocalizzazione energetica)**

- **Bitminer factory (Mining farm italiana-Housing miner)**

- **Eidoo (Exchange innovativo e sicuro)**

Infinity Saw Il futuro tecnologico Dell'Energia Rinnovabile

Siamo un team internazionale di ingegneri / inventori / imprenditori giovani e ambiziosi con oltre 10 anni di esperienza nell'ingegneria elettrica e nella fisica sperimentale.

Il nostro portafoglio comprende oltre 20 invenzioni con 14 brevetti. Attualmente conduciamo lo sviluppo di dispositivi che generano energia utilizzando risorse rinnovabili rinnovabili dall'ambiente. Diversi dispositivi sono in fase di sviluppo e acquisizione, che saranno anche in grado di generare energia.

Siamo situati a Seoul, in Corea del Sud

Al momento (3Q-4Q 2018) stiamo testando una nuova caldaia centrifuga ad alta efficienza e un distillatore di acqua oceanica per la produzione di elettricità, oltre a continuare a lavorare per ottenere i certificati necessari per il generatore magnetico MG.

I dispositivi più importanti sviluppati da Infinity SAV:

• Generatore magnetico;

• caldaia centrifuga iSAV;

• Distillatore d'acqua oceanica;

• Caldaia a induzione;

• Radiatore ad induzione;

• Unità di risparmio energetico di rete SAV;

• Caldaia magnetica.

Team Infinity SAV

Facebook cinguettio Instagram Youtube Tumblr

LA NOSTRA MISSIONE

Attraverso la storia dell'umanità la scienza ci ha aiutato a trasformare il nostro mondo in un posto migliore in cui vivere e prosperare. Tutte le nostre attività oggi sono il risultato di influenze scientifiche e innovazioni. Ma insieme a una migliore qualità della vita per molte persone nei paesi sviluppati, il nostro mondo moderno sta affrontando esternalità associate alle attività umane che diventano possibili a causa delle scoperte scientifiche del secolo precedente.

Negli ultimi 200 anni ci siamo troppo affidati alla combustione di combustibili fossili per generare energia. Il mondo di oggi usa petrolio, gas e carbone per soddisfare il nostro fabbisogno energetico di elettricità, calore, acqua pulita e cibo. Tutta quella dipendenza dai combustibili fossili ha creato la più grande sfida ambientale che abbiamo mai affrontato: il cambiamento climatico. Le sostanze inquinanti nella nostra aria, i fiumi drenati, la contaminazione dell'ambiente naturale sono il risultato di un consumo eccessivo di risorse naturali che abbiamo continuato ad inquietare per anni senza sosta.

Il crescente consenso globale sulla gravità dei cambiamenti climatici ha portato alla conclusione dell'accordo internazionale sul clima a Parigi nel dicembre 2015 che ha stimolato i governi ad attuare politiche per lo sviluppo di energie alternative ed educare le persone sulle potenziali conseguenze se questo problema continua ad essere ignorato .

Noi di Infinity SAV crediamo che i risultati scientifici della nostra generazione possano e debbano essere integrati nel mondo di oggi e, come mai prima, devono sostituire i modi obsoleti di soddisfare i nostri bisogni fisiologici di base. Poiché la fornitura di combustibili fossili è inevitabilmente in esaurimento ei prezzi per petrolio e gas dovrebbero aumentare nel prossimo decennio, la dipendenza da fonti energetiche economiche e affidabili è indubbiamente inevitabile.

Ecco perché la nostra azienda sta sviluppando nuove alternative che affronteranno le sfide ambientali del nostro tempo e contribuiranno a preservare il nostro pianeta per le generazioni future. Le tecnologie alla base dei prodotti Infinity SAV sono focalizzate sulle soluzioni di energia rinnovabile e si riferiscono ai bisogni più necessari ed essenziali dell'umanità per sopravvivere. Le nostre invenzioni sono utilizzate nel campo della generazione di energia, distillazione dell'acqua, refrigerazione, pulizia e tecnologie di purificazione.

Crediamo che gli esseri umani di tutto il pianeta debbano avere un accesso economico e affidabile ad almeno tre bisogni fondamentali di sopravvivenza e prosperità: elettricità, calore e acqua pulita. La nostra missione è rivoluzionare le tecnologie che stiamo utilizzando oggi per un domani migliore per tutti noi.

Generatore elettromagnetico

Il generatore magnetico è un sistema complesso con una disposizione strutturale organizzata di magneti permanenti e bobine bifilari e controller PCB con un software appositamente progettato che viene utilizzato per generare ed erogare energia elettrica.

L'inizio iniziale viene eseguito da una batteria o da qualsiasi altra fonte di energia esterna per aiutare il motore a raggiungere i giri richiesti. Dopodiché è possibile disconnettere la fonte esterna. Il dispositivo è in grado di operare in modalità autonoma e di mantenere il proprio RPM indipendentemente dalla quantità di energia utile consumata.

Il generatore magnetico MG10 è costituito da 60 magneti al neodimio e 60 bobine bifilari. La caratteristica costruttiva che consente di generare energia elettrica è il preciso allineamento angolare delle bobine e dei magneti all'interno del tamburo e le regolazioni di commutazione per sopprimere l'EMF e raccogliere efficacemente l'energia accumulata all'interno degli elettromagneti (bobine). Quando un magnete inizia ad avvicinarsi a una bobina, ad un certo punto la tensione della bobina aumenta insieme alla quantità di carica che può trasferire. Quando il regolatore di commutazione rileva la tensione massima della bobina, spegne la bobina. Il campo magnetico della bobina che si è formata dopo l'eccitazione della bobina tenderà a collassare generando un EMF posteriore negli avvolgimenti della bobina.Il software progettato del generatore è in grado di sopprimere la corrente parassita e trasformarla in energia elettrica utilizzabile che può essere utilizzata dall'utente finale.

DESCRIZIONE

Il tamburo del generatore magnetico è costituito da un rotore con magneti permanenti posteriori al neodimio e uno statore con bobine bifilari cablate in rame.I magneti permanenti sono disposti uniformemente lungo la circonferenza del rotore con lo stesso nome e poli polari opposti. Le bobine bifilari sono situate lungo la circonferenza dello statore allo stesso modo ma con un preciso allineamento angolare ai magneti e alla connessione seriale parallela tra loro.

Un magnete al neodimio è il tipo più potente di magnete permanente disponibile in commercio oggi. La struttura cristallina del magnete al neodimio è composta da grani microcristallini che sono allineati in un potente campo magnetico durante la fabbricazione, quindi i loro assi magnetici puntano tutti nella stessa direzione. Il reticolo cristallino del magnete resiste a trasformare la sua direzione di magnetizzazione che rende questo composto altamente coercitivo a smagnetizzare.

Una bobina bifilare è una bobina elettromagnetica che contiene due avvolgimenti paralleli ravvicinati e una controcoppia di collegamento in serie. Per aumentare correttamente la potenza della bobina, le sue spire sono avvolte in modo tale da fornire la massima differenza potenziale tra spire adiacenti o spirali. L'energia immagazzinata nella bobina è proporzionale al quadrato della differenza di potenziale tra le spire adiacenti. A causa del materiale speciale del nucleo della bobina (acciaio del trasformatore), la capacità di un valore impostato della differenza di potenziale tra le spire è stata significativamente migliorata.

Il generatore magnetico funziona ed è in grado di generare energia a causa dell'interazione di magneti permanenti con bobine bifilari e una forza elettromagnetica emergente tra di loro. I magneti e le bobine sono diretti l'uno verso l'altro per creare una coppia sul rotore. Questa composizione del tamburo del generatore è progettata in modo che il rotore ruoti indefinitamente finché l'energia dell'interazione tra magneti permanenti e bobine bifilari viene raccolta ed erogata in modo razionale ed efficace.

Quindi possiamo appurare che questa sarà la nostra free Energy!!!!

Bioinvestments Farm :

STARTUP che PUNTA AL MINING SOSTENIBILE DI CRIPTOVALUTE E LANCIA CAMPAGNA DI EQUITY CROWDFUNDING

Lanciato il round di equity crowdfunding per una startup italiana che punta a ridurre l'impatto energetico per il mining di Bitcoin e delle altre criptovalute.

Si chiama Bio Investments la startup che vuole rendere il mining di criptovalute più sostenibile, sia a livello ambientale che economico.Il mining è l'attività svolta per convalidare le transazioni in criptovalute, come Bitcoin, e, secondo lo specialist di PwC Ales de Vries, entro un anno il consumo energetico per sostenere l'infrastruttura alla base del solo network di bitcoin supererà il consumo energetico di tutta l'Austria. Se consideriamo anche le altre criptovalute, l'aspetto ambientale del mining solleva molte critiche e preoccupazioni.

Bio Investments ha lanciato una campagna di equity crowdfunding su WeAreStarting con obiettivo massimo di raccolta di 150 mila euro per una quota complessiva del 4,76% (qui la nostra scheda sintetica)I fondi raccolti verranno impiegati dalla società per incrementare la capacità produttiva, visto l'ingente carico di ordini ricevuti negli ultimi mesi, e di aumentare le spese in marketing e nella ricerca.

La startup bresciana, nata nel 2017, produce e commercializza soluzioni per sviluppare al meglio la catena del valore nella creazione delle criptovalute. Tra le soluzioni offerte, spiccano le Mining Farm pensate per essere collocate in prossimità di fonti rinnovabili, così da potersi alimentare con l'energia prodotta da impianti fotovoltaici, idroelettrici o eolici. Una soluzione che permette ai miners – coloro che creano criptovaluta – di ridurre al minimo il costo dell'energia e, al tempo stesso, al produttore di energia pulita di avere un nuovo possibile sbocco di mercato.Nei propri programmi per il futuro, Bio Investments proporrà anche un software basato su tecnologia blockchain rivolto agli utenti finali delle criptovlute. Si tratta di un wallet multivaluta per tutte le criptovalute che consente di effettuare transazioni in piena libertà, dando la facoltà di conservare le proprie monete al sicuro e di convertirle in euro direttamente sul proprio conto bancario. In questo modo tutti i detentori di criptomonete potranno gestire il loro portfolio accedendo al valore detenuto in qualsiasi moneta.

Bitminer Factory

Bitminer Factory ha già realizzato una "private-sale", ottenendo un ottimo successo, visto che sono stati venduti oltre 1,4 milioni di BMF, un equivalente di circa 1,2 milioni di dollari. La ICO invece, è iniziata lo scorso 20 giugno ed attualmente offre uno sconto del 18% sul prezzo del token, con un valore nominale fissato ad un dollaro cadauno. Ovviamente lo sconto cambierà in base al periodo in cui deciderete di aderire alla vendita, diminuendo verso l'approssimarsi della chiusura della ICO.

La mission di Bitminer Factory è di rendere la blockchain sostenibile sul fronte energetico e dell'impatto ambientale dunque, accorpando l'azione del mining a fonti di energia rinnovabili. Per raggiungere tale obbiettivo, ma sopratutto per permettere a tutti di partecipare alla blockchain revolution in maniera sostenibile, l'azienda ha deciso di lanciare una ICO (Initial Coin Offering) per la vendita di BMF tokens (BitMiner Factory). Si tratta di veri e propri contratti minerari che consentono ai proprietari dei token di poter utilizzare tutti gli Asset ed i servizi offerti da Bitminer Factory.

La Blockchain, resa sostenibile

Il token BFM

Vediamo un po' più in dettaglio i vantaggi e che cosa consentono di fare i token BMF:

Permettono l'accesso ad operazioni a basso rischio, gestite e sviluppate da un Team che gode di un'ampia esperienza nel settore delle energie rinnovabili e con all'attivo più di 1.200 MW di progetti a energia rinnovabile e 1.000 miners operativi;

Hanno un'elevata liquidità e consentono ai titolari dei token di effettuare facilmente trading dei token BMF. I possessori infatti, possono facilmente scambiare o vendere a Bitminer Factory stessa, tramite un piano BuyBack, i contratti minerari BMF. Chi invece deterrà i token, otterrà introiti con cadenza annuale, derivanti dalle attività di mining di criptovalute finanziate durante la ICO;

Presentano bassi rischi finanziari rispetto al diretto acquisto di criptovalute, in quanto derivanti da operazioni di mining su vasta scala, volte ad una riduzione della volatilità ed all'effetto di mitigazione grazie all'elettricità "clean", prodotta da fonti di energia rinnovabile.

Bitminer Factory ha già realizzato una "private-sale" , ottenendo un ottimo successo, visto che sono stati venduti oltre 1,4 milioni di BMF, un equivalente di circa 1,2 milioni di dollari. La ICO invece, è iniziata lo scorso 20 giugno ed attualmente offre uno sconto del 18% sul prezzo del token, con un valore nominale fissato ad un dollaro cadauno. Ovviamente lo sconto cambierà in base al periodo in cui deciderete di aderire alla vendita, diminuendo verso l'approssimarsi della chiusura della ICO.

Una realtà già attiva

A differenza di altre ICO, Bitminer Factory non si tratta di un'idea o di un progetto su carta, ma di una realtà già ben consolidata ed attiva, nonché parte di un'enorme business italiano che vanta oltre 50 anni di esperienza in general construction, oil&gas, ed energie rinnovabili: Angeli group.

Ad oggi infatti, Bitminer Factory gestisce già più di mille dispositivi per il mining, suddivisi fra mining-rig P8, soluzioni GPU-based per il mining di Monero, Ethereum e ZCash, ed altri 200 ASIC, usati invece nel mining di Bitcoin ed altre monete. Sull'omonimo sito web infatti, è possibile acquistare attrezzatura per il mining ed usufruire dei servizi di housing offerti da Bitminer Factory. Trovate infatti i classici ASIC di Bitmain oppure i più comuni mining-rig realizzati ed assemblati dall'azienda stessa.

Tutti i dispositivi sono dislocati all'interno dell'enorme mining farm italiana di Calenzano, in **Toscana**.

Nova mining

Come è noto sapere a tutti, Bitcoin è la prima crittovaluta le cui transazioni vengono validate tramite la Proof-of-Work, o prova di lavoro, il cui algoritmo di calcolo è SHA256.

Con il progressivo avanzare del tempo, e quindi della difficoltà di calcolo stessa, la tecnologia richiede l'utilizzo di standard specifici sempre più all'avanguardia, incidendo in maniera gravosa soprattutto sui costi dell'energia elettrica stessa.

Per far lavorare gli ASIC (Application-Specific Integrated Circuit) in maniera performante durante la fase di estrazione, visto e considerato l'aumento progressivo della difficoltà di calcolo degli stessi blocchi, e quindi dell'acquisizione delle reward, abbiamo un dispendio di energia piuttosto elevato che come descritto dal Digiconomist*, sommando la quantità di energia elettrica richiesta globalmente per il Mining di Bitcoin ed Ethereum, si ha un consumo energetico maggiore di paesi come Giordania, Islanda e Siria.

*Questi calcoli sono basati su una potenza elettrica del mining di Ethereum di 4.68 TW/h (Terawatt-orari) e di ben 14.54 TW/h per il mining di Bitcoin.

Da dove deriva questa energia elettrica?

L'energia elettrica utilizzata dai datacenter (da non confondere con le Mining Farm, in quanto i datacenter sono centri appositamente progettati) deriva da centrali fossili, le quali contribuiscono all'aumento dell'inquinamento globale. Come è noto, il costo dell'energia in paesi come l'Italia ha un costo elevatissimo (€ 0.24 + IVA per KW/h): ciò spinge i creatori di grandi datacenter come **NovaMining** a spostarsi in paesi dove il costo dell'energia è inferiore.

L'obiettivo di NovaMining è quello di riuscire ad avviare nel tempo i propri datacenter con energia pulita interamente proveniente da fonti rinnovabili quali il sole, così da evitare l'inquinamento da uso di energia fossile ma ancora più importante, evitare costi energetici elevati che andrebbero a influire sulla resa economica.

Intendiamo presentare la nostra offerta attraverso la realizzazione del nostro primo ambizioso progetto, che prevede la realizzazione del nostro primo datacenter interamente alimentato attraverso l'utilizzo di pannelli fotovoltaici con una potenza energetica massima pari a 24 MW (Megawatt).

Eidoo

Eidoo è un'interfaccia blockchain-to-human che semplifica l'interazione tra blockchain e i suoi utenti.

Lo scopo di Eidoo non è solo quello di realizzare cose che gli altri non fanno, ma di farlo in un modo diverso, attraverso un metodo più sicuro e semplice, mantenendo un focus speciale sull'esperienza utente e consentendo alla complessità del mondo criptato di essere più comprensibile.

Vogliamo realizzare una sola applicazione, estremamente facile da usare, e portare il mondo criptato all'utente finale; un ponte verso mondi che in questo momento, come esperienza utente, non sono così vicini l'uno all'altro.

La sfida di questo progetto è anche quella di dare una casa comune alle tecnologie le cui comunità (ad esempio Bitcoin ed Ethereum) hanno difficoltà a cooperare a causa di visioni diverse, creando uno strumento che gestisce diverse tecnologie attraverso un'esperienza utente unica.

Eidoo è l'integratore che riunisce tecnologie e servizi che già esistono, altri inimmaginabili in questo momento e altri che non siamo nemmeno in grado di concepire.La stessa visione di un portafoglio facile da usare e sicuro per le risorse intelligenti basate su blockchain, incarnerà:

- un'implementazione Ethereum rapida, facile da usare, dirompente, flessibile, ricca di funzionalità e chiavi in mano, basata su contratti ERC20 standard ed EVM, con un sistema token incorporato per finanziare lo sviluppo.

- implementazione Bitcoin sicura, scalabile, orientata al lungo termine e conforme alla privacy, basata sul nuovo protocollo di asset RGB e calcolo fidato fuori catena, con un tradizionale approccio di finanziamento open source senza scopo di lucro.

Di fronte a un mondo sempre dinamico, sia nella tecnologia che nella facilità d'uso per l'applicazione, non esistono soluzioni valide che durino per sempre. Attraverso un approccio metodologico, Eidoo continuerà a migliorare sia la tecnologia che l'esperienza dell'utente.

Ad oggi la domanda resta,

dove ci porterà il nuovo sistema di transazione e di scambio?

Cosa ne pensano gli i stituti e i governi ?

Ma sopratutto come reagiranno?

La futura Politica delle banche

Il 2018 sarà l'anno in cui le banche centrali dei paesi del G7 inizieranno a comprare criptovalute per rafforzare le loro riserve in valuta estera. A scriverlo su Coin Desk, Eugene Etsebeth, ex banchiere centrale della Banca sudafricana.

Una delle funzioni principali di una banca centrale è quella di gestire le riserve ufficiali in oro e in valuta estera dello Stato nazionale o dell'Unione. Le riserve sono parte integrante per garantire che uno Stato nazionale possa servire le proprie passività in valuta estera e mantenere la fiducia nelle sue politiche monetarie e valutarie. Nel complesso, la stabilità finanziaria derivante dalle riserve auree ed estere ha storicamente tutelato il benessere economico dei cittadini in caso di shock esterni.

L'oro è comunemente usato come protezione contro gli eventi economici del cigno nero. Può essere utilizzato come tampone contro le calamità a causa della sua elevata liquidità, delle sue caratteristiche valutarie e dei suoi vantaggi in termini di diversificazione. Anche il cambio in valuta estera è altamente liquido e presenta vantaggi in termini di diversificazione. I paesi del G7 sono interconnessi tra di loro attraverso un reticolo di accordi politici, finanziari e commerciali. Questo club di paesi detiene riserve massicce delle valute dell'altro – le cosiddette riserve di valuta estera. La maggior parte di questi paesi possiede anche vasti depositi di riserve auree. Attualmente, il G7 si occupa solo della "regolamentazione più appropriata" delle criptovalute tralasciando il loro potenziale di asset class. Bitcoin, eterheum e zcash non rientrano nella lista degli strumenti e delle valute che i banchieri centrali possono negoziare.

Ma nel 2018 le cose saranno diverse. Le banche centrali del G7 cominceranno ad acquistare valute digitali per rafforzare le loro riserve in valuta estera. Ma perché proprio nel 2018? Sarà quello l'anno in cui le banche centrali del G7 vedranno il bitcoin e le altre valute digitali diventare la più grande valuta internazionale grazie alla capitalizzazione di borsa.

L'interesse per i Bitcoin e le cryptovalute sta crescendo esponenzialmente anche nel nostro Paese. Lo dimostra lo spazio dedicato dai telegiornali ai rialzi o ai ribassi delle valute digitali, senza contare che sui maggiori quotidiani sempre più spesso nelle pagine di economia si trovano notizie ed approfondimenti sulle cryptovalute. Eppure in Italia tra coloro che hanno sentito parlare di Bitcoin solo una piccolissima parte sa veramente cosa siano, e un numero ancora minore si rende conto del vero potenziale che sta dietro la tecnologia delle cryptovalute, la blockchain, al di là delle performance strabilianti e delle cadute mirabolanti che hanno accompagnato queste valute negli ultimi mesi.

Prima di capire cosa siano e come funzionano, vale la sottolineare gli interessi enormi che stanno mettendo in moto le cryptovalute, interessi che non riguardano solo le occasioni di guadagno facendo trading, ma la grande opportunità che offre la tecnologia che sta dietro ai Bitcoin, Ethereum (le 2 più importanti valute digitali) e a tutte le altre cryptomonete: la blockchain, appunto.

Che il trading sui bitcoin sia entrato nel mirino dei grandi investitori, nonostante che tutti neghino, lo dice un semplice fatto, la partenza del primo future sul Bitcoin a metà dicembre del 2017, sul Cme, Chicago Mercantile Exchange, il principale mercato dei derivati Usa (tra l'altro l'inizio degli scambi sul future è coinciso con una forte flessione del bitcoin, per motivi tutti legati alla speculazione; ma questa è un'altra storia). In realtà il vero futuro delle monete digitali, e delle valute tradizionali, si gioca fuori dei mercati finanziari, sul terreno di moneta come mezzo di scambio. Attualmente l'uso delle cryptovalute per comprare e vendere servizi e beni è limitatissimo e confinato al Bitcoin. Negli Stati Uniti e Giappone sono migliaia le attività che accettano pagamenti in questa cryptovaluta, in Italia sono all'incirca 200 (se siete curiosi di conoscere le attività che in Italia e nel mondo accettano pagamenti in Bitcoin potete andare sul sito coinmap.org). Numeri tutt'altro che esaltanti. Verissimo. Ma la maggior parte degli scambi avviene in rete. E' nel web che le cryptovalute esprimono tutte la loro potenzialità. Ed infatti sono valute digitali, bit coin, moneta del bit. E' attraverso i pagamenti digitali che le altcoin assumeranno un ruolo sempre più rilevante nell'economia mondiale a scapito della altre valute.

Non ci credete? E allora forse crederete agli ingenti investimenti fatti da una serie di aziende con il core business nell'ambito dei sistemi di pagamento per implementare progetti che hanno lo scopo ultimo di integrare le valute digitali nell'economia di massa, consentendo a questi nuovi asset di essere utilizzati come forma di pagamento con cui acquistare beni quotidiani. Per esempio la BitPay di Atlanta, che ha appena annunciato il lancio della sua carta Visa BitPay prepagata per il pagamento in bitcoin. Con questa carta è possibile completare un acquisto come si farebbe con una qualsiasi carta di credito prepagata. Ma la Bitpay non è la sola, la LitePay di San Francisco, sta lavorando ad un progetto simile, una carta di debito legata al Litecoin, cryptovaluta in forte ascesa. Progetti che rendono più semplice per i commercianti accettare queste criptovalute al posto delle valute correnti tradizionali. Anche i colossi mondiali del pagamenti online alternativi ai circuiti tradizionali bancari si stanno muovendo. In particolare PayPal, che ha già presentato una presentato domanda di brevetto per un suo "sistema ottimizzato di transazioni di valute virtuali" che si basa sulla tecnologia Bitcoin per il metodo di pagamento. Cosa significa? Che un domani molto vicino con PayPal chiunque potrà inviare o ricevere pagamenti in valute digitali.

Ovviamente i sistemi di transazione monetaria basati sulle valute digitali **minacciano il predominio bancario** che con l'utilizzo in massa delle cryptovalute come mezzo di scambio sul web, verrebbero tagliate fuori. E così anche il sistema bancario si sta muovendo, sotto traccia, per sfruttare la tecnologia blockchain per progetti nel settore dei pagamenti e, perché no, creare la propria cryptomoneta. Si scopre così che il colosso bancario svizzero UBS, quello tedesco di Deutsche Bank e la spagnola Santander stanno lavorando ad un progetto per creare una loro valuta digitale per la gestione delle transazioni sui mercati finanziari (una utility settlement coin). Hanno aderito a questo progetto molte banche mondiali tra cui Barclays, HSBC Holdings, State Street e Credit Suisse.

Non solo banche ma anche Stati. Il Venezuela è il primo Paese sovrano ad emettere una cryptovaluta di stato. Si chiama Petro il bitcoin di Maduro, il presidente del Venezuela che ha fortemente voluto la moneta digitale con l'intenzione di risollevare il debito estero e attirare più commercianti. Lo sbarco sul mercato vedrà 100 milioni di Petro, che avranno come garanzia di 5 miliardi di barili di petrolio presenti nell'Orinoco, una delle aree petrolifere di cui è ricco il paese. Ogni singolo Petro avrà il valore di un barile dell'oro nero.

Quindi anche i colossi bancari e i governi sono interessati e incuriositi dal sistema blockchain ... il perchè... è uno solamente :

Sanno benissimo che il cambiamento Sarà Inevitabile!

Come fu per Internet che riusci a globalizzare la comunicazione sdoganando cosi ogni forma di libera informazione ,senza controllo centrale ne censure ....

Poiche Internet è la tecnologia che ha reso l'individuo libero di cercare ed ottenere risposte alternative a domande ,al quale la comunità scientifica manovrata da lobby e poteri occulti,nega l'evidenza.

Internet non si puo spengnere poiche non ha un interruttore, ma lo si puo manipolare nella peggiore delle ipotesi ...

Questa volta pero,nel caso della Blockchain ,le Regole Non si potranno variare in corso d'opera ,con un decreto legge ,un accordo o sanatoria Salva Banche !!!

Le regole saranno parte integrante dell'algoritmo o del protocollo attribuito alla coin, che l'utente sceglierà per lo scambio dei sui fondi .

Questo sistema rimarrà decentralizzato per sempre e non potrà essere cambiato Da nessun potere governativo legislativo.

La blockchain darà libertà di transazione decentralizzando la moneta mediante un'algoritmo ,impostato da parametri da noi scelti!

Non ci sarà nessuna possibilità di regolamentazione dall' esterno !

Saremo... Noi ...La Nostra Banca !!!

Banca digitale :

Per creare una banca digitale occorre una farm , come illustrato in precedenza che abbia l'hardware necessario a risolvere i nodi, questa e composta da computer dotati di GPU settate informaticamente in base all'algoritmo utilizzato per minare , ma nn andiamo troppo sul tecnico. Per minare bisogna avere potenza di calcolo quindi faro un breve resoconto della scelta dell'hardware migliore per la farm .

Questa è la mia scelta odierna, la gtx 1080 ti, vediamo in dettaglio come lavora in termini di profitto questa GPU:

Per quanto riguarda l'applicazione al mining, la potenza (o hash rate) che verrà generata dipende molto anche dal tipo di configurazione software a disposizione, dal clock (memoria e core) che la gpu riesce a generare e dal miner che si vuole utilizzare.

iniziamo la nostra analisi dall'Ethereum. Tramite il software Claymore's Ethereum miner, installato su Windows 10 x64, la nostra gpu riesce a minare stabilmente questa cryptovaluta ad una velocità di 31.8 MH/s.

Ethereum

ETH 31.8 MH/s

1 ora	0.00089	0.21171 EUR
24 ore	0.02146	5.08100 EUR
1 week	0.15020	35.5670 EUR

Come scritto in tabella il guadagno settimanale si aggirerà intorno ai 35€ (ricordo che il PC dovrà essere acceso 24H), mentre quello mensile sarà di circa 140€.

Passando al Monero, notiamo come anche con questa scheda video non ci sia un dato preciso sull'Hashrate generato. Il dato più basso generato equivale a 770 H/s, tramite il software Nvidia XMR Stak installato su Windows 10 x64. Mentre la velocità massima ottenibile tramite stesso programma sarà di circa 900 H/s. Tale differenza è data molto probabilmente dal tipo di configurazione impostata nella scheda video, in parole povere dall'essere overclockata o no.

Monero

770 H/s   XMR

1 ora	0.00203	0.10064 EUR
24 ore	0.04860	2.41533 EUR
1 week	0.34021	16.9073 EUR

Dalla prima tabella risulta un guadagno settimanale di circa 16€, ovvero 64€ mensili.

Monero

900 H/s XMR

1 ora	0.00237	0.11763 EUR
24 ore	0.05681	2.82311 EUR
1 week	0.39765	19.7618 EUR

Dalla seconda tabella il nostro guadagno si avvicinerà ai 20€ settimanali, circa 80€ mensili.

Zcash

Per quanto riguarda gli Zcash, la nostra GTX 1080 TI ci permette di raggiungere una velocità di 710 Sol/s tramite software EWBF MINER 0.3.2B installato su Windows 10 x64. Questo significa che avremo in profitto settimanale di circa 47$, di seguito la classica tabella.

Time Frame	ZEC Coins	BTC (ZEC/BTC at 0.09750000)	Profit (in USD)
Hourly	0.00123673	0.00012058	$0.28
Daily	0.02968160	0.00289396	$6.74
Weekly	0.20777119	0.02025769	$47.17
Monthly	0.89044796	0.08681868	$202.15
Annually	10.83378346	1.05629389	$2,459.52

DASH

Ultimo, come al solito, ma non per importanza il Dash. Qui tramite software ccminer 2.0 installato su Windows 10 x64 raggiungeremo un hashrate di circa 20 MH/s generando un guadagno di 7$ mensili.

Time Frame	DASH Coins	BTC (DASH/BTC at 0.05243217)	Profit (in USD)
Hourly	0.00015360	0.00000805	$0.01
Daily	0.00368650	0.00019329	$0.26
Weekly	0.02580552	0.00135304	$1.81
Monthly	0.11059509	0.00579874	$7.75
Annually	1.34557360	0.07055134	$94.30

Come di consueto siamo arrivati al momento di parlare di quale sia la cryptovaluta più proficua da minare con la GTX 1080 TI. Ebbene come nel caso della 1070, anche qui vincono gli Zcash con un profitto annuale di 2400$ circa. Ricordo comunque che le cifre in questione possono cambiare in qualsiasi momento in base all'andamento delle varie monete.

Possiamo dedurre che...

I guadagni a singola scheda con un hash rate variabile in base alla moneta che varia dai 202.15 ai 64€ mensili.

Ogni Gpu Miner possiede 6 GPU (possono arrivare anche a 13 i socket sulle madri, ma nn è troppo conveniente in termini di manutenzione e sul piano della dissipazione di calore.

utillizziamo il parametro di 64€ *6 GPU che sarà 384 € mensili.

Un miner con 6 gtx 1080 ti con scheda madre e alimentazione incluse costa dai 4500 ai 5000 euro vedi rincaro prezzi.

Comunque 384 euro mensili all'anno sono 4608 Euro, in sostanza abbiamo ammortizzato il costo dell'hardware del singolo rig.(vedi foto)

Questo risultato Si potra ottenere solamente lasciando la macchina h24 a regime ,senza aggiungere al calcolo eventuali e possibili sbalzi di mercato .Si potrà comunque speculare in positivo vendendo o acquistando altre coin al rialzo vendendo la valuta prodotta.

Tutto questo si potrà ottenere solamente se l'impianto energetico sarà costituito da fonti rinnovabili di free energy.

Consideriamo lo scenario in modo più ampio ... immaginiamo la possibilità di avere un dispendio di energia pari allo 0 , quindi un profitto netto mensile per mantenere il sistema online ... ma ... in più ...la possibilità di:

- **Associare ad un partners o startup un Token (progetto tecnologico)**

- **Creare una Coin (algoritmo)**

- **Minare (quindi stampare Coin)**

- **Vendere il Token mediante la Coin direttamente sulle piattaforme esistenti.**

In sostanza , Oggi Si può creare una banca digitale ! In grado di stampare ed immettere sul mercato nuovi titoli tecnologici senza passare al vaglio di garanti o società di rating esterne.

Garantendo ogni libero scambio di fondi digitali per mezzo di piattaforme di cambio valuta gia esitenti convertendo cripto a Moneta F.I.A.T solo con un click.

Quindi la nostra banca ha la possibilità di creare un progetto associarlo ad una moneta ,stamparla a costo zero in digitale, venderla liberamente sul mercato (anche al valore di 0,01 centesimi) solo sulla base di un idea tecnologica secondo noi vincente con la speranza che possa diventare la nuova Apple ! Non vi sembra il massimo della liberta?

Oggi si puo investire sul futuro ! Su cio che si crede ! Senza che nessun agente esterno possa limitare o impedire in nostro operato, solo perche il denaro non è piu centralizzato in questo sistema gia dal dal 2009 ,che vanta 8 mld di euro anno nel 2017, ma che nel 2018 sara presto inondato da ulteriori investimenti bancari anche se ufficialmente non lo condividono... semplicemente perche non lo controllano.

Il perche è semplice , le agenzie di rating nella Blockcain non possono fornire valutazione sui titoli , scredintando cosi proprio come hanno fatto in passato le startup tecnologiche che possano mettere in discussione l'economia globale.

vi lascio con l'intervista fatta a Jp morgan sulle criptovalute... giudicate voi ....

JP MORGAN E CRIPTOVALUTE: LE BANCHE VERSO LE CRIPTOVALUTE?

Oggi voglio commentare una notizia che ho trovato in questi giorni che affronta un tema particolare, che è quello della "competizione" fra le banche e le criptovalute.

Quella che poi è una delle argomentazioni principali in questo mondo, perché le criptovalute sono state viste di cattivo occhio da parte della finanza mondiale.

Banchieri e personaggi importanti delle istituzioni finanziarie hanno sempre fatto previsioni negative, ne hanno parlato male, ma hanno cercato di screditare.

Oppure sono anche state manipolate dichiarazioni di personaggi importanti come Warren Buffett, che aveva dichiarato che lui non investe in criptovalute perché non è un esperto del settore.

Ma la notizia è stata girata dicendo che non investe in criptovalute in quanto le considera un fallimento.

Oggi invece parliamo di JPMorgan.

JPMorgan è una società finanziaria con sede a New York, che è un leader nei servizi finanziari globali. JPMorgan, tramite il suo amministratore delegato, che è Jaimie Diamond, che già in passato aveva definito Bitcoin una frode, in realtà è emerso che le banche stanno tentando di utilizzare la tecnologia Blockchain per sfruttare quelle che sono le caratteristiche migliori.

Proprio il responsabile delle iniziative in Blockchain di JPMorgan, ha recentemente sostenuto la diffusione della tecnologia all'interno della banca, e in una sua relazione ha riconosciuto molti vantaggi della tecnologia Blockchain e delle criptovalute.

La banca ha anche ammesso che le nuove tecnologie hanno richieste da aziende di investire nell'adattatore, modificare i propri prodotti per attirare la clientela.

Però le criptovalute in generale, quelle staccate dalle banche, sono sempre state viste da JPMorgan e dalle banche in generale come un fattore di rischio.

Lo aveva già fatto Bank of America.

Aveva ritenuto molto rischiose le criptovalute a livello di speculazione, dicendo che l'adozione di nuove tecnologie da internet alle criptovalute, avrebbe portato a nuovi metodi di pagamento che richiedevano una spesa per modificare i loro prodotti e servizi.

Oggi gli istituti di credito hanno preso in considerazione il discorso Blockchain, alcuni lo hanno gia fatto! (vedi Ripple la cosidetta "ICO delle banche") Nonostante il mainstream in via ufficiale considera la criptovaluta un investimento ad alto rischio .